笑いと涙！
世界の絶景マラソンを走る

ヨシキ
世界を走ったおじさんランナー

あこた
走るイラストレーター

CONTENTS

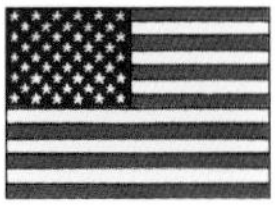

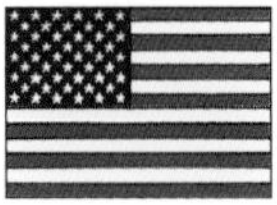

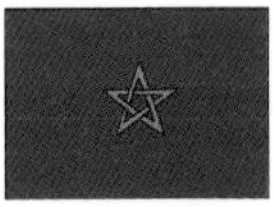

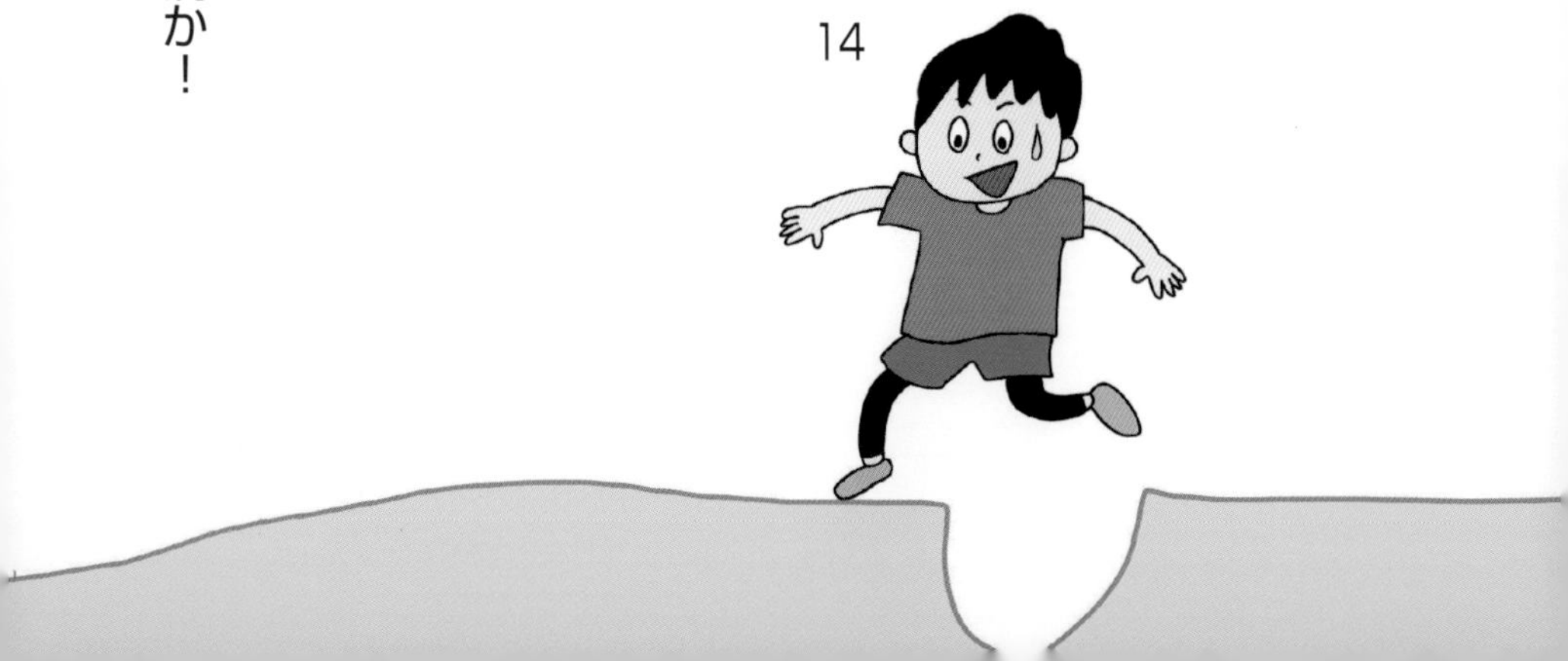

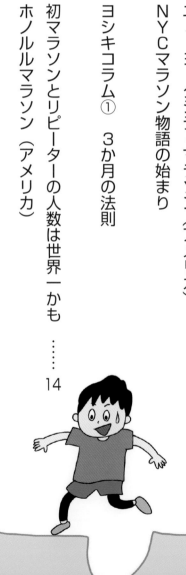

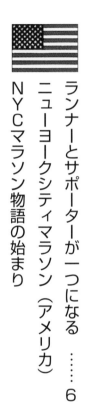

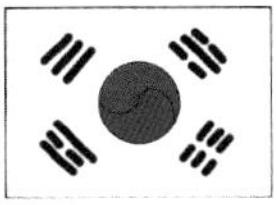

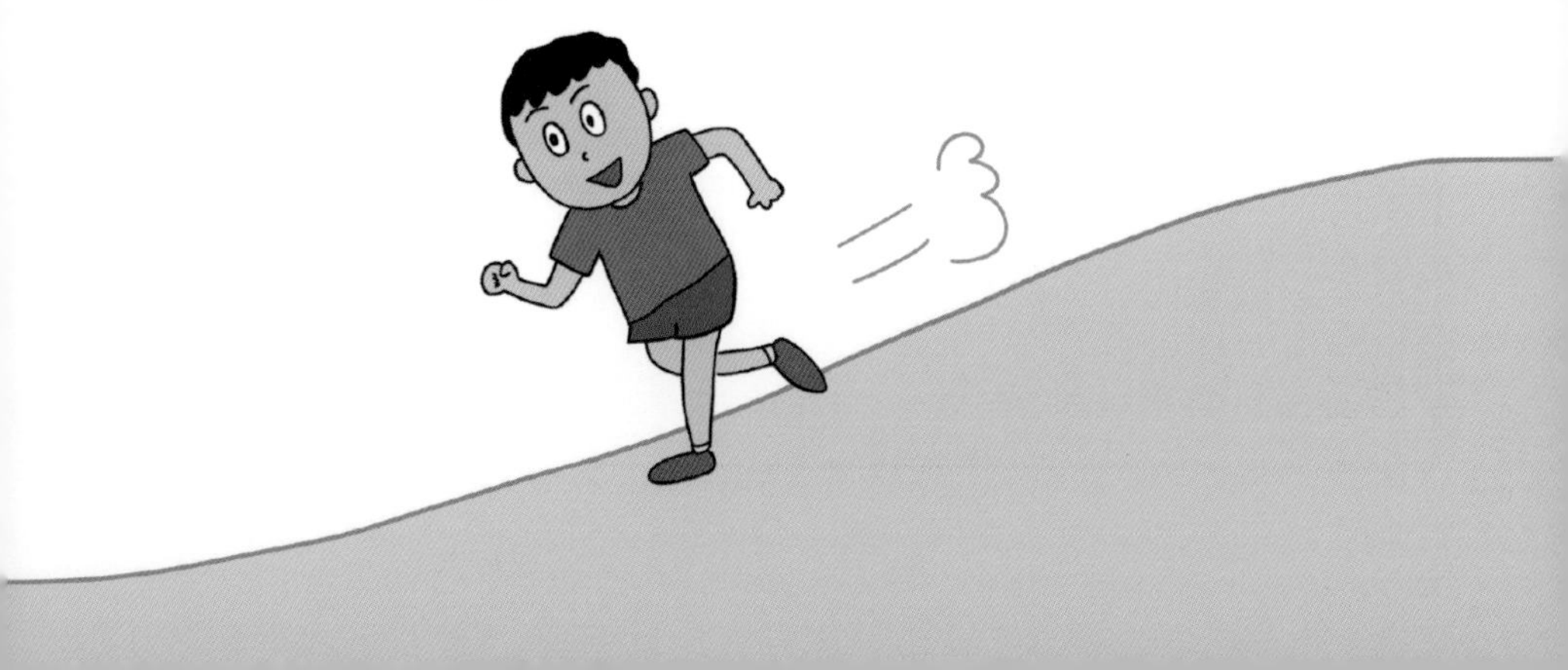

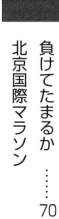

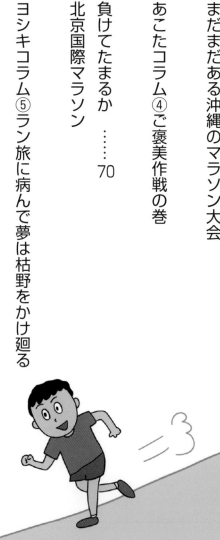

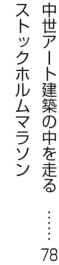

吉木　稔朗

生涯ランナーを目指す。
マラソンベストは50歳のときの
2時間57分。
ランをやめるときは認知症による
徘徊が始まった時と決めている。
世界各国をランニングしながら旅をした。

伊藤あこた

マイペースで走ることがモットー
マラソンベストは3時間45分
ランニング雑誌への掲載後、
商品やロゴデザイン、子ども向けの
イラストワークショップ等を
している。

3:51:51
NEW YORK CITY MARATHON
A NEW YORK ROAD RUNNERS EVENT
Foot Locker
JPMorganChase
Continental Airlines
The Rudin Family

ランナーとサポーターが一つになる

アメリカ

ニューヨークシティマラソン

このままだと肝硬変だよ
えっ！
えっ…
今より10kg以上ありました…。
メタボを指摘されてから走り始めて1年半
ヨシキはNYに立った
おなかがすいたなご飯にしようか
日本食
こんばんわー
日系人ランナーのたまり場だった
初マラソンですか普段通りがいいですよ
一緒に飲みましょう
え!?
あ…はい。
打ち上げも一緒にしましょう
よーし
明日もここで会いましょう
すっかり飲んでしまった
不安
わぁ…

ニューヨーク
5区を巡ります
Staten Island
START
A
B
C
Brooklyn
Queens
D
Manhattan
FINISH
F
E
The Bronx
ゼリーと絆創膏と・・・
ドキドキ
ガサ
ゴソ
A
スタート
スタテン島
ヴェラザーナ
ローズ橋を渡る
おーい
ここだよ！
B
ゴールのマンハッタン
が見える
C
ブルックリン
10キロ近く直進していきます
おしゃれ〜

クィーンズボロ橋
ここを渡れば マンハッタンだ!
27キロ地点くらい。 さっき渡った橋 が見える
怒涛の応援でランナーは 流れていく
わ! 本物の ゴスペルだ
OSHIKI
歩いているランナーには 「ゴーゴー」の集中砲火だ
日本人とわかると
オハヨー
!!
アリガトー
えっ!
知り得る限りの 日本語で応援してくれる
ニンジャー
サヨナーラ
ありがと

レースの朝、妻を起こさないように静かに部屋を出た。その瞬間「どこへ行くの」と布団の中から低い声がした。

E
エンパイアステートビルが見えたゴールは近い
F
紅葉と世界の国旗のハーモニー
YOSHIKI
セントラルパーク広すぎるよ
園内でも5キロほどしかもアップダウンの連続
YOSHIKI
足イタイ…
FINISH
あ、ゴールが見えた!
じわー
涙がにじんできた
初マラソンきっと泣くよ
ははは……
はっ!!
泣くもんか!!
あまのじゃく(笑)
ペースダウンもあったけど目標達成!
FINISH
3:50:00
初 フルマラソン 完走!!
打ち上げに参加する
今夜は心おきなく飲み干しましょう
板長さんは3時間8分で走った
おめでとー
初マラソンは最高! NYでよかった
泣いてない!!

NYCマラソン物語の始まり~
ニューヨークシティマラソンといえばワールドマラソンメジャーズの一つ。他にはボストン・ロンドン・ベルリン・シカゴ・東京があるよ
6大大会ね
い~な~
1970年の第1回大会はわずか127名がセントラルパークを4周するだけのレースだったそうだ今や5万人以上が走る規模だよ
今や5万人規模
へ~歴史があるんだ
NYシティマラソン創始者・ルボー氏像ゴールを見つめています
会いたかった
FRED LEBOW
9・11後のNY事務局
今年は中止かなあ
リリリーン
ムリですね
うむ…
はい…
君たちはやめるわけではないよなテロには負けないよな
↑市長
それからの会議はどうすれば開催できるかという内容に変わっていった
テロから56日後の開催私設エイドは一切なしという厳しい厳戒態勢の中で行われた
いつもの応援
笑顔のスタッフ
STAFF
いつもの翌日の光景
負けないというニューヨーカーの心が団結した
また行かなきゃ!!

大会名　**ニューヨークシティマラソン**　開催日　**11月第1日曜日**

大会事務局　**https://www.nyrr.org/tcsnycmarathon**

国　**アメリカ**

6泊　7日

スケジュール
金曜日日本をを出発。金曜日にニューヨーク到着
土曜日はゼッケンピックアップなど
日曜日はレース。スタート地点のはNY各地から出るバスで移動
日曜日、朝8時スタート。夜は!
月曜日と火曜日は観光、水曜日午前に現地発、木曜日に日本到着

200,000円〜（飛行機代、ホテル、移動費など）

マンハッタンに滞在するのが一般的だけどホテル代の節約でハドソン川を渡ったニュージャージー州を拠点にするのがお勧め。スタート地点へのバスも出ている。

NYは
阿波踊り
踊りゃなそん
熱狂の一日

旅コラム

市民ランナーの憧れ、それがニューヨークシティマラソン（NYCM）だ。市民の手作りでありながら大会の素晴らしさは世界一だと思っている。東京マラソンもNYCMを学んで開催にこぎつけた。

コースは正直きつかった。何度も橋を渡るのでその度にアップダウンが繰り返される。最後の最後に、ゴールのセントラルパーク、アップダウンの連続だ。

それでも何度でも走りたいというのはボクだけではないはずだ。一言で表現するならば、「NYの阿波踊り」かな。「走る阿呆に見る阿呆、同じ阿呆なら走らにゃ損損……」。

走る人も見る人も最高に盛り上がり楽しむことができる。

レースの翌日痛む脚を引きずりながら観光する人、応援のしすぎで声を枯らしているNYっこ、みんなの笑顔が素敵だ。

NYCMを語るのに忘れてはならない人がいる。それが、フレッド・ルボー（1932年ルーマニア生れ）だ。

1970年ニューヨークを走りたいとランナーに呼びかけ、セントラルパークを周回とするレースを開催。彼は55人中45位でゴール。

その後、レースの人気はうなぎ上りに。現在ではNYの全州を走り、5万人以上が参加する世界最大級のレースとなった。

58歳のとき脳腫瘍が発覚。懸命の治療の末、60歳で5時間32分でゴール。そして62歳で病には勝てず亡くなった。

彼の追悼式はジョン・レノン以来セントラルパークでの3000人が集まったという。

今でも、時計を見つめるルボーの像が見守る先がゴールだ。

走れるようになる3カ月の法則

先生の言葉は「ヨシキさん、肝硬変まっしぐらです」

ヨシキコラム①

1996年5月

新宿のとあるクリニックでのお話しから始まり始まり……

健康診断の結果を聞きに来たボクに

「軽肥満です。脂肪肝です。お酒を減らして適度な運動を継続してください。肝硬変まっしぐらです。そうなったら私はどうすることもできません」

とニコリともせずに友人の院長先生は話す。かなり落ち込んだ。

一通り話し終えると先生は、

「これからヨシキさん何か予定はありますか?」

「いえ、特に何も……」

「そうですか。今、クリニックを閉めますから、ちょっと待っていてください」

ということで新宿の居酒屋さんに先生と繰り出すことになった。

ヨシキにまだ理性のかけらが残っていたころ

「先生、あの話はいったい何だったのですか?」と。

先生は、

「あ、あれはクリニックの中の話ですから。今夜はそんなこと忘れてぱっとやりましょう、ぱっと!」

その後のことをヨシキは覚えていない。盛り上がったようだ。

どうやって帰宅したのか、記憶は定かではないが翌朝痛む頭を抱えて、「運動しよう」と決め、近くの公園へ走りにでかけた。

500mくらい走ったら異変が。心臓が痛い。心臓の周りに固められた脂肪が急に激しく動き出したためなのか。それとも心臓が筋肉痛を起こしたのか!

「痛い」

その場にうずくまってボクは考えた。

心臓に絡みつく脂肪の図

「自分のカラダはこんなに弱っているのか……」

そこで決めたことは、3カ月先のロードレースに申し込むことだった。5キロなら歩いてしまってもゴールできるかもと思ったので、清水の舞台からから飛び降りるような気持ちで10キロの部の申し込んだ。火祭りロードレース。場所は富士山麓。富士山にボクを見てもらおうと決めた。

それから3ヵ月間、あるときは仕事のふりをして、またあるときは仕事をサボって走り続けた。

皇居の周回。歩くようなスピードで三宅坂を走っていると雑談をしながら追い越していったカップルがいた。悔しかった。いつかはこの坂を雑談して上ってやると誓った。

これだけ走っても目立った進歩はなかった(と思っただけ)。3か月でようやく5キロをゆっくり走れるようになった。それでも走った後は膝が小刻みに震えていた。

そして8月、大会当日、5キロ走るのがやっとのボクが果たして未知の10キロを走ることができるのだろうか。ゴールできても最下位でふらふら走るだろうボクは、温かい拍手と共に迎えてもらえるだろうか。気持ちはブルー。

コースはきつかった。確かに富士山の眺めは美しい。しかし日本一の山を甘く見てはならない。果てしない上りが終わると急な下り坂。脚が踊る。景色なんかどうでもいい。この大会を選んだことを後悔。


それでも歩かないでゴール。ビリではなかった。タイムは57分。奇跡的な速さだ。

「人類にとっては大したことのない10キロだけどボクにとっては偉大な10キロだった」

それから2週間は生まれたての子羊のような生活が続いたけど心は成し遂げた偉業にずっと感動していた。周囲には「どうだすごいだろう」と自慢していた。

次はフラットなコースで10キロを走ろうと考えていたころ、「ハーフを走りなさいよ」とのお誘い。偉大な10キロの倍以上もあるハーフマラソン。悩んだけど3ヵ月先、翌年2月に開催される神奈川マラソン・ハーフの部にエントリーしてしまった(コラム②に続く)。

初レースのあと毎年のように参加した火祭りロードレース

ここで悟った教訓。


【3ヵ月の法則】

ランニングを始めようと思った3ヵ月は続けよう。何とかなるだろう。


【追い込みの法則】

漠然と走ろう、では続かないことが多いので、大会にエントリーしてそれに向けて走ろう。


【半分の法則】

本番の大会で走る半分ほど走れたらそのペースで倍の距離が走れる。

これらのことはハーフ・フルと続くマラソン人生でも言える法則だった。速く走れなかったボクはゆっくりジョグでの練習しかできなかった。それがよかったと思う。「**頑張らないこと**」。これも教訓かな。

1.3か月の法則
2.追い込みの法則
3.半分の法則
おまけに、頑張らないこと

初マラソンとリピーターの人数は世界一かも

アメリカ

ホノルルマラソン

中間点附近、ハワイ海あたりでで日が昇り始める

「初めてのフルマラソンはホノルル」アコタも、そんな1人です
今日のランチどこにしようか
毎週土曜日、公園の池の周りを2周（3キロ）するのが唯一の練習でした
友人の誘いがなければランナーアコタはなかったと思う
人生に1度記念に走ってみようよ
ハワイ行きたーい
ハーフまでは練習したあとは何とかなる……かな……
本当に来ちゃった!
まだのんき…
観光だけで来ればよかった……本気で走る前から後悔した
眠れなかった
1:30
なんでエントリーしたんだろ…
…。
朝4時スタートへ
民族大移動のようだ

「赤いふんどしの人」がホノルルマラソンのキャラクターだということをフィニッシュゲートで知る……ランニングマンというらしい。

10キロ過ぎ、ここからが上り坂
ひえっ~こんな坂道走ったことないよ
これがダイヤモンドヘッドか!!
C
やっと上ったぞ……ふぅ
今度は下り坂が続くスピード出をしすぎないように抑えて下る
友だちとは何度も遭遇する一緒に走ったわけではないのに（心強かった~）
朝焼けが美しい
海外マラソンって感じだねぇ
うん
私設のエイドも何箇所かある
うわさに聞いていたワセリンだ
知人は水飴だと思って食べたそうな
D
女子のトップランナーとすれ違う
同じレースを走っているのか~!
あ、あれ？なんかおかしいぞ
20キロ過ぎ異変が……
ついていけない友よ、さらばじゃ

身体が重くて、力が抜けていく感じ
そうだ、ようかんでも食べてみよう
復活するよかった…
お!元気になった
Acora
再び友だちに追いつく
食べたら元気になったよ
私は今、きつくなってきた〜
よかったね!!
F
折り返しで多くのランナーとすれ違う
HAWAII KAI DR
海だ
素敵〜広々としているね
カメラだ
Smile
きついのにス、スマイルか
これが精一杯
ヘラ
ヘラ
G
ふたたびダイヤモンドヘッド
絶対に歩かないぞそう決めたんだ!
うおぉ〜

歩道を走る。疲れてきたので「次の信号よ赤になれ」と願う。そんな時に限って信号は青。調子がいいから走りたいときに限って赤信号にひっかかる。

大会名　**ホノルルマラソン**　開催日 **12月第2日曜日**

大会事務局 **https://www.honolulumarathon.jp/**

国 **アメリカ**

スケジュール　**5泊　6日**

金曜日日本をを出発。金曜日にホノルル空港到着
土曜日はゼッケンピックアップなど
日曜日はレース。スタート地点のへは基本徒歩で移動
日曜日、朝5時スタート。まだ薄暗い。
月曜日は観光、火曜日午前に現地発、水曜日に日本到着

予算200,000円～（飛行機代、ホテル、移動費など）

ホノルル・ワイキキに滞在。しかしツアーでホテルは満室と考えた方がいい。安いホテルかコンドミディアム、民泊を探そう。
飛行機も相当早く申し込むかキャンセル待ちか究極の選択が迫られる。
確実に行きたい場合はツアーがお勧め。

世界一
初マラソン参加
の多いレース
かも

旅コラム

一生に一度はマラソンを走ってみたいと、ホノルルを選ぶ人は多い。ゴールしたら終わりではなくランナーとしてのスタートになったという人もたくさん。制限時間はないので観光気分や卒業記念で参加できるが、マラソンである以上走る距離は同じなので30キロ過ぎてからボロボロになってゴールへ向かうことになる。

6時間を過ぎてピークを迎えるマラソンって他にないと思う。

ヨシキは取材で走った。走りながらランナーに声を掛け、取材を進めた。

どのくらいの地点だったろうか、カメラのバッテリーを交換しようと立ち止まった。

すると体がふらつく。熱中症だ。走っているときには分からなかったのだ。後は歩いたりゆっくり走ったり。給水しても胃腸が弱っているので受け付けない。内臓も疲労。

ゴール後医療テントという名の野戦病院へ。テントの中にはロープが張り巡らされそこから点滴が吊るされていた。大勢の人が点滴を受けている。

「どうして取材の人が脱水状態になるんだ」とドクター。

「あの……走って取材したのです」

「ほう、何分で走ったの？」

そんなことどうでもいいと思ったけど気になるらしい。４時間15分くらいと、と応えたら、それは大変とすぐ中に入れてくれた。

簡易ベッドに横たわると手際よくナースが点滴の準備。

「先生、準備できました」

「では打ってくれ」

「え、私が打つんですか！」

中途半端に英語が分かるので、かなり焦った。

点滴の効果は抜群で夜にはちゃんと打ち上げに参加できた。

制限時間はないけど、こうしたバックアップがあってのホノルルだ。

42キロも走れるのか?
初マラソンの巻

あこたコラム①

「初めてのフルマラソンはホノルル」そんなランナーも多いかと思います。その1度で、マラソンを卒業する人と、ランニングが日常生活の一部になっていく人に、はっきりと分かれていく気がします。私も、後者の、いつの間にか続けることになっていた、そんな一人です。

はじまりは毎週土曜日の午前、東京、吉祥寺にある井の頭公園の池の周りを走るという練習会に友人に誘われ参加したこと。

ゆっくりとそれぞれのペースで時間内に周回するというもの。私は、1周1・6㎞を頑張って2、3周するというのが唯一の練習でした。しかも、走るのがメインというより、その後の「ランチはどこに行こうか?」と話してばかりで、楽しみは別にありの、にわかランナー。

その頃は、「42キロを走るなんて、ひどい罰ゲームだ」と思っていたはずなのに、人というのは変わるものですね。

1年ほど経ってから、「人生に1度、記念に出てみようよ」と言う友人の話にのってみたのが、初マラソンへのきっかけ。便乗してばかり。

出ると決めてからレースまでは5ヶ月間。これまで10キロ以上を走ったことがない。どこまで走力をつけられるのかまったく無知でしたが、練習方法を周囲のランナー仲間に聞いたり、ランニング本を片手に計画を立てました。

LSD
カーボローディング
なんじゃそりゃ

本番の前月までには初めて、30キロ走をこなしました。「私って、こんな距離も走れるものなのか」と自分に感心したものの、「本番はプラス10キロか……」と絶望感が……。しかし、「当日は雰囲気で走りきれる!」とのアドバイスをいただいていたので、もう信じるしかない。

その後は、ランニングシューズ以外の、ちゃんとした(?)ウエアや、サングラス、ランニングウオッチなど、何も持っていなかったので、ひと通り揃えました。それだけで、なんだかホンモノのランナーになった気分になり、走れる気もしてきました。準備は万端。

そして、いざハワイへ。

新品
揃い

本番の数日前にホノルルに着いてからは、リゾート感に少し浮ついていたものの、頭の片隅では常に「本番まで、あと3日……あと2日……」とカウントダウン。

　せっかく来たのに、徐々に暗い憂鬱な気持ちになっていくのでした……。

せっかくハワイまできたのに……楽しめず

　普段、就寝となれば、のび太くんのように5分後には、グゥグゥと眠っているのに、マラソン前夜は、まったく眠れないという経験も初めてしました。寝返りばかりを繰り返しては、ハンガーに掛けてあるゼッケンが付いたウエアが視界に入り、「数時間後、いったいどうなっているんだろう。もう明日の今頃にワープしたい……」「あぁ、やっぱり観光だけで来ればよかった……」と本気で後悔。しかも、午前2時半には起床ときた。（朝5時スタート）

　もうやるしかない。黙々と真夜中なのに、朝ごはんを食べながら覚悟を決めたのでした。この独特な緊張感は大人になってからは、なかなか体験できないものかもしれないなぁと感じます。

　なんやかんやと往生際の悪いことを言いながらも、スタート地点に並ぶと、お祭りのような雰囲気に気もほぐれ、（走り出したらそんなことを考える余裕はなかった）大きなトラブルもなく、無事に完走しました。※当日の詳細はマンガ本編をご覧ください。

　走る前は「フィニッシュゲートをくぐったときには、感動して泣いたりするのかしら？」と想像していたものの涙も笑顔もなく、完走メダルを掛けてもらったまま呆然と立ち尽くし、「もう走らなくていいんだ……」と淡々としていました。立ち止まった直後から、経験したことのないほどの筋肉痛に見舞われました。10メートル先でランナーに振る舞われていた、マラサダとリンゴをもらいに歩けないほど。（お腹は空いている！）一歩き出すのも、全力で指令を出さないと進まないという、後にも先にもこれ程の筋肉痛はなかったと思います。

　その後、結果を周囲に報告すると、思っていた以上に喜んでくれたり、驚きながら、これでもか！というくらいに褒めてもらうことが多く、徐々に実感と喜びが湧いてきたのでした。

「そうなのかな？そうか。なかなかやるじゃないか私」と少しだけ自分に自信がついたことが初マラソンでの、一番の収穫になったと思っています。

異世界にタイムスリップ
12時間
ドバイ
3時間待つ
9時間
カサブランカ
モロッコ
マラケッシュマラソン
モロッコの中心地カサブランカに到着 今回は4人の仲間と向かいました
ドバイから近いと思っていたのに……まだ移動が
ここからは列車よね
空港から列車で市内へ そこでマラケシュ行きの列車に乗り換え
1
5
2
Marrakech 4
3
4!
じゃあ反対のホームね
ふと掲示板を見直すと
慌てて階段を駆け上る
1
5
2
Marrakech 1
3
?
あ! 1番線に
ガラゴロ
すると再び4番線に
1
5
2
4
3
ほんとにほんとにここでいいですか?
あ……はい、大丈夫ですよ
あのっ!!
ゼェ
どうなってるの〜
ゼェ
ハァ
ゼェ
駅員さん

30分ほど遅れたけど
列車は1番線にやってきた
荷物
手伝い
しますよ
それっ
ホームにいた人たちが手伝ってくれた
見慣れない
東洋人が
目立っていたので
気になっていたのか？
ありがとー
ごきげんよう
ほっとしたのか
急に睡魔が…
寝ちゃあ
いけ…
ない…
ぐぅ
熟睡したけど
荷物は無事だった
4時間ほどで
マラケシュに到着
ここまで
28時間
あ、小雨だ
タクシー乗り場は
行列
ホテルまでの15分を
歩くことに
TAXI
素通り…
びゅーん
するとタクシーが停まり
キキーッ
TAXI
どこまで
行きますか？
〇〇〇
ホテル
まで

すると並んでいたおばちゃんが猛烈な勢いで抗議
ずっと並んでいたのに外国人を優先するなんて許せん
↑たぶんこんな感じ…
ご…ごめんなさい
たじ…
(儲かるんだけどな…)
たじ…
そして強引にタクシーに乗り込んで行ってしまった
Buu…
行っちゃった……
あ然……
メーターはなく料金は交渉による
それならけっこう
もう少し安くするよ
ちぇっ…
何台も来たのでその中で一番安いタクシーに乗車
丸1日以上かけて宿に到着
明日はレースイスラムの国は街でビールを売っていないしお休みなさい
レース当日フルとハーフで8千人
START
まだ眠い
ドドーッ
世界遺産になっている旧市街地を走る
タイムスリップしたみたい
アラビアンの世界だー
映画のなかに舞い込んだかと思った

異世界を速く走るのはもったいない
クトゥビィアの塔
ラクダ!!
じろり

カメラを手にした人の多いこと
いい写真がたくさん撮れた!
FINISH

打ち上げは「タジン鍋」
水が貴重なのであまり蒸発しないよう工夫された鍋なんだ
野菜 鶏肉 マトン 牛 いろんな種類がある※

※イスラムだから「豚」はないよ

レース翌日はバスで1泊2日のサハラ砂漠ツアー
クルマで8時間
カサブランカ
マラケシュ
西サハラ
アルジェリア
ラクダで2時間
カサブランカ
マラケシュ
西サハラ
アルジェリア
カーっ

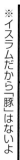

「なぜ走るの?」って人は聞く。そこにランがあるからというより「病気だから」と答えてしまう。

砂漠の先にリゾートホテルがあるはずだ…
どーーん
ポワ〜
到着
テ、テント
早速、夕食
またタジン鍋
電気もないし
お酒もない
おまけに
寒い!
ブルル
暗いし
寒い
おやすみ
ZZZ…
明け方
ね、起きて
う…うん
うわー
サハラ砂漠だ!
はるかエジプトまで続いているとは!
うわーっ!!
朝日に照らされた砂漠に感動!
おもわず1時間のジョグを満喫したよ
1週間も砂漠は走れない〜

※エジプトのサハラマラソンは1週間走り続ける。

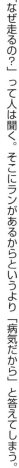

大会名　マラケッシュマラソン　開催日　フル・ハーフ　1月の最終日曜日

大会事務局　http://www.marathon-marrakech.com/

国　モロッコ

クトゥビー[redacted]ク

8泊 9日

スケジュール
木曜日深夜日本ををエミレーツ航空にて出発。まずはドバイへ。
アフリカは目の前と思うけど、日本からハワイへ行くより遠い。
翌日昼過ぎモロッコカサブランカ空港へ。ここからマラケッシュ行きの飛行機はあるけど、よく欠航するので列車移動を選択。
空港地下鉄に乗って市内で乗り換え4時間で目的地。
土曜日はゼッケンピックアップ。親切な人が多いので気を付けよう。
日曜日はレース。カメラを片手に夢心地で走り切る（ハーフ）。
月曜日、早朝に観光バスでサハラ砂漠へ！スペイン人、フランス人など20数名同乗。砂漠泊。
水曜日、カサブランカから近いのでスペイン・バルセロナへ
　バルセロナに。二日滞在してカサブランカ経由で日本へ。

予算　250,000円

ここは
地の果て
異世界だ!

旅コラム

コースはフルもハーフも旧市街を含む市内を1周する。参加者は合計11000人。アップダウンは少ないのでその点は走りやすいと言えるかもしれないが、日が昇ると急に気温が高くなる。ランナー泣かせだ。

異国を味わいながら走ってはどうだろう。カメラを片手に。

レース後は、お楽しみの打ち上げなんだけど、ここはイスラムの国。街中でビールを出してくれる店はない。

外国人専用のレストランかホテル内となる。

モロッコ料理と言えば「タジン鍋料理」。

鍋には、野菜、マトン、チキン、の4種類。最初はいいけど毎日4種類を食べ続けていたら素うどんが食べたくなった。

何度も旧市街を探訪したけど、親切な人？　がやたら多いのは困った。

「何か食べたいな」と言えばまわりの人が一斉に「いい店知っているよ」と案内しようとする。参った。

レースの翌日は朝早くツアーバスでサハラ砂漠へ。砂漠の入口からはラクダに揺られて2時間。到着したのはパオ。そしてツアー客はタジン鍋を囲んだ。スペイン、フランス、ポルトガル。国際色豊かだったけど、お酒で盛り上がるわけには行かなかった。

翌朝の太陽に輝く砂漠は偉大だった。刻々と光が変化していく。自分の力ではどうしようもない大きな力を感じた。

▶砂漠の街、ワルザザード

▶サハラ砂漠はラクダで移動

初ハーフを走る　ランナー病発病か！

嫌な奴のはずが……ありがとう！　おばちゃん

ヨシキコラム②

みぞれ交じりの雨の降る2月、神奈川マラソンハーフの部。ボクはランパンランシャツ姿でスタートした。テレビで見るランナーは正月でも箱根の山の中でもこのスタイルだ。だから自分もこのスタイルで走ることに不信を抱いていなかった。

どんなに寒くても
ランパンランシャツで
走るものと思い込んでいた。

ハーフとはフルマラソンの半分21・0975mを意味している。ハーフを決めてから3カ月、走ったけど、最高10キロ。その約倍の距離を走る訳だ。

未知の距離に向かってボクはスタートした。

最初の10キロまでは恐る恐る。そして残り10キロからは、ここからスタートだと思い込ませた。前半と後半に気持ちを分けて走る。これは走り切るには案外いい作戦だったと思っている。

残り3キロくらいになった頃、多少余裕があったのでわずかにペースを上げた。同じようなペースで今まで走っていた周りのランナーを次々と抜くことができた。これはちょっといい気分。

しかし、気分よくないことがひとつ。ボクにぴったりとくっついてくるおばちゃんがいた。

辛くなってきたボクは「早く離れてくれ」「ボクは辛いからペースを落としたいけど落とせない」「嫌な奴だ。お願いだから離れて」と思いながら何とか華麗な（？）スパートで振り切ってゴール。

膝に手を当ててぐったりとしているボクをおばちゃんは見つけると、いきなり手を握って、「ありがとうございます。ありがとうございます」と。

おばちゃんは何とか2時間を切りたいと思っていたけど、いつも最後に失速して切れなかったそうだ。しかし、

「今日はあなたのおかげで切れました。ありがとうございます」

「ありがとう」と握られたおばちゃんの
手は冷えきっていた

嫌な奴と思っていた人からここまでお礼を言われるとは……そうか、もし彼女がいなかったらボクはペースを落として自分も2時間が切れなかったかもしれない。しかしギリギリだったけど切れたのだ。

そう思うと清々しい気分になってきた。

ありがとう、おばちゃん。

彼女は敵ではなく、最大の見方だった。彼女のお陰で自分に負けることなく走り切れたのだ。勝ち負けは自分の中にあることを悟った。

それからは、ランナーだということを周囲にも言わないで、走ることが日常になっていった。走りを楽しむことができるようになった。これがランナー病にかかった瞬間だった。

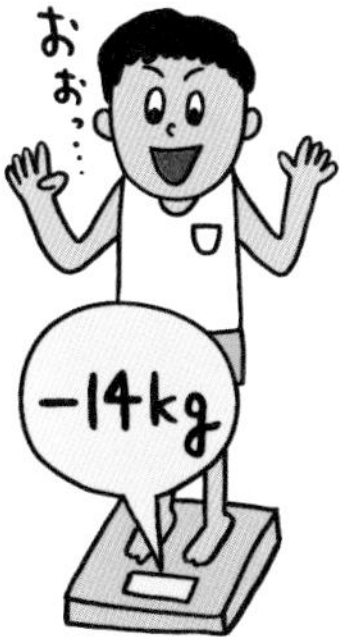

ここでも半分の法則は生きているのだ。10キロの練習でハーフを走り切れたのだ。前半を頑張らなかったのもよかった。

次は、やはりフルマラソン。この秋には走りたいと思った。そして選んだのが、11月に開かれるニューヨークシティマラソン。これに向けて「夏を制する者はシーズンを制する」ことを信じて練習した。軽肥満と言われたボクはいつの間にか14キロ減量していた。

そんなある日、新宿のクリニックで再び先生から健康診断の結果を聞いていた。

「ヨシキさん、どうしたの。どこも悪いとことないよ」

先生は言う。そこで走っていることを告げると先生は

「俺も走るよ。実は言わなかったけど肝臓の状態、ヨシキさんより悪いよ」

だって。

すかさず

「先生、今日飲みに行きましょうよ」と誘うが、断られてしまった。

ガーン！

走り出した先生とレースにも参加するようになった。お互いの家族を連れての1泊旅行レースにも行った。

先生は効果を急ぎ過ぎて、ダンベルを持って走り始めた。効果はてきめん。腰痛で走れなくなってしまった。先生は腰に持病を持っているらしい。それなのに……。

こんな噂を聞いたことがある。先生が開業しているビルの中で急患がでた。先生が看護師さんを連れて急患の元へ。

倒れている患者さんの前に屈むとそのまま先生は固まってしまった。ぎっくり腰だ。動けない先生に看護師さんは

「大丈夫ですか。医者を呼びましょうか」と言う。先生は油汗をたらしながら、

「ボクは大丈夫だ。この、か、か、患者さんを頼む！」

先生は担架で運ばれて行ったが、急患は単なる貧血だったらしくしばらく休んでいたら回復したという。

一方ボクはレースを練習代わりにして、ハーフマラソンを何度か走りフルに備えた。

これぞアフリカ流か？はまってしまった

ウガンダ

カンパラ国際マラソン

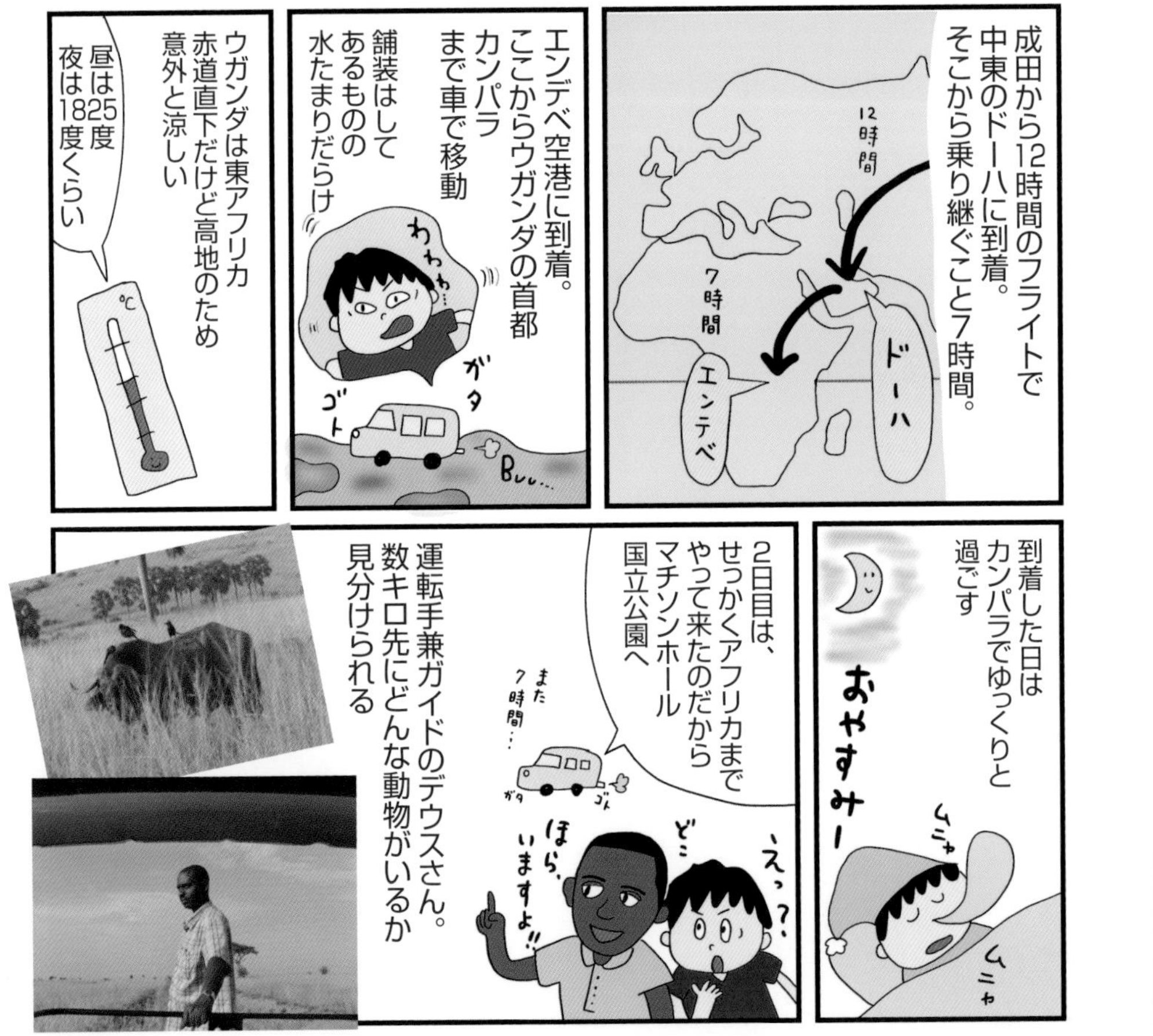
成田から12時間のフライトで中東のドーハに到着。そこから乗り継ぐこと7時間。
12時間
7時間
ドーハ
エンテベ
エンテベ空港に到着。ここからウガンダの首都カンパラまで車で移動
舗装はしてあるものの水たまりだらけ
わわわ…
ガタ
ゴト
Buu...
ウガンダは東アフリカ赤道直下だけど高地のため意外と涼しい
昼は25度
夜は18度くらい
℃
到着した日はカンパラでゆっくりと過ごす
おやすみー
ムニャ
ムニャ
2日目は、せっかくアフリカまでやって来たのだからマチソンホール国立公園へ
また7時間…
ガタ
ゴト
運転手兼ガイドのデウスさん。数キロ先にどんな動物がいるか見分けられる
えっ？
どこ
ほら、いますよ!!

ナイル川の上流で軽くジョギング
しかし草が深く川岸まで
たどり着けなかった
ナイル川の源流
ガサ!
ゴソ!
ナイル川見たいけど
これ以上ムリ
この日は観光のみで終了
ぐぅ…
3日目
お目当ての一つでもあったサファリへ!
目の前には映画やテレビで見るアフリカの光景が広がる
じーん…
生かされている!
いつまでもここにいたいという想いの中人口140万人のカンパラへ
マラソンのこと忘れるところだった!
大会会場の目の前のホテルに到着
翌日に備えた(前祝いの乾杯!)
START
目の前!
レース当日
9時スタートなのでゆっくりできる
ホテルを8時半に出れば間に合うな
余裕だな〜♪

雨の中を走っていたら信号待ちのとき、とおりすがりのおばあちゃんから「かわいそうね……」と泣かれた。

目の前と思っていたけど
当日は会場入口が大混雑
え—全然前に進まないよう!
ぎゅう
ぎゅう
ちなみにこのマラソンは隣国ケニアから賞金稼ぎに来るというシリアスな側面もある国際大会だからね
何とか5分前にはスタートラインへ記念写真も撮る余裕
START
間に合った
ホッ
2258
それにしてもスタートラインに人が少ないな
ハイチーズ…!?
はて?
え!?
あわわ
2258
もうスタートしてるらし…
ぼーぜん…
のんびり写真を撮っている場合ではなかった慌てて走り出す
わーん!!
ひどいよぉー
5分前にスタートしちゃうの!?
慌てて走り出す人も結構いた。これがアフリカスタイルなんだろうか
START
!?
うぅ…

コースに交通規制も信号もない。大きな交差点を渡る。地元のランナーの背中に張り付くようについていき命がけだと思った
おっと!!
びゅーん
交通規制や信号もない中でも地元の人は平気らしい
こわ……
給水は未開封のペットボトルを渡される
ホッ……
カチッ
最初のころはよかった
な、ない
後半ペットボトルがない。応援の人が箱ごと持ち去るらしい
♪
そそくさ……
Water
気温25度さすがに水分が枯渇
みずぅ
コースは容赦なくアップダウンが続く
あと2キロの表示から3キロは余分に走った
ずっと続く坂道
恐るべきアフリカスタイル。1キロ以上余分に走った
ひーーっ!!

何とか
ゴール
FINISH !!
覚悟はしていたけど　やっぱり
水がない
思わず売っていたビールで給水
うまい！　※
※よいこはまねをしないでください
10キロの参加者たちが次々と歩いてゴール
FINISH
走るのは最初だけ？
疲れたらバイクタクシーに乗る人も多いそうだ
なんてこった
日本でこんな大会があったら面白いなでもアフリカだからいいのだ
ここではみんな楽しそうにゴール
FINISH
あの大自然に比べたら距離とか時間は小さな誤差だ
これぞアフリカンスタイル

大会名 カンパラマラソン　開催日 11月第3日曜日

大会事務局 https://www.honolulumarathon.jp/

国 ウガンダ

スケジュール　7泊　8日

火曜日:深夜成田を出発。翌早朝ドバイ経由ウガンダ・エンテベ空港へ、同日2時半着。22時間の移動。空港からはチャーターしたクルマで移動。首都カンパラ着。
水曜日:オーダーワンピースをショップで注文。夜はウガンダの踊りを見ながらウガンダの料理を楽しむ。
木曜日:ナイル川源流へ出発。河原（原野）をジョグ。
金曜日:サファリへ。感動が待っていた。
土曜日:首都カンパラへ移動。
日曜日:レース。打ち上げは国際青年協力隊ランナーと合流。
月曜日:ビクトリア湖のほとりで過ごす。
火曜日:日本へ。運転手兼ガイドのデウスさんありがとう。とてもいい人だった。お陰で旅行が楽しかった。

予算230,000円～（飛行機代、滞在費）

今でも行きたいと夢見る大会だ

旅コラム

またもう一度行きたい！　今でも夢見るカンパラマラソン。ヨシキの頭にある「大会かくあるべし」という概念を一蹴させてくれた。

スタート時間も距離もアバウトなだけでなく、開催日もひと月くらい前でないとはっきりしない。統計上11月第３日曜。ときたま変更になるらしい。ほぼ赤道直下。しかし、標高１２００ｍの高地なので気温は年中25度くらいだ。

のどかな（?）ゴール風景

フル・ハーフ・10キロの部があり参加費は６００円くらい。問題は大会数日前から受け付け開始をする事務局に現金を持って行ってエントリーしなければならないということ。幸いＪＩＣＡの友人が赴任していたのでお願いした。

コースはアップダウンの連続。人口１４０万人の都市だけど信号はなかった。交通規制もない。途中バイクタクシーに乗る人も多いそうだ。大会側はそれを見張っていて見つけたら咎めるものの周りのランナーが「彼は乗っていない」とかばうらしい。それは自分たちも乗るからだそうだ。

おばちゃんに声を掛けた。

「ウガンダって好きですか？」

「はい、大好きです」

「どこが？」

「はい、争いがないからです」

思えば１９７０年代、アミンという大統領が対立部族を何十万人を虐殺。挙句アミンはクーデターで亡命。その後も紛争が続き、部族間の和平が成立したのは２００６年のこと。平和という言葉の重さを知った気がした。

スタート地点:スタートしていたとは知らず記念写真

初マラソンに選んだのは考え抜いた末の「ニューヨークシティマラソン」

ヨシキコラム③

ハーフが完走できたらフルマラソンを走ってみたいと思った。

夏はマラソンシーズンは基本お休み。そこで秋以降のレースを目指すことにした。考えて考えて選んだのは11月のニューヨークシティマラソン。

練習を続けた。距離を踏むこと、これだけを念頭に走り続けた。そしてランニングに関する本や雑誌を読みあさった。

そこで分かったことはフルマラソンを走り切るにはイーブンペースが必要なこと、それには2．11の法則だを使う事だと知った。

どんな法則かというと、ハーフマラソンの記録を2・11倍してそれをフルの目標とする。更にこれを5キロ、1キロ毎のタイムに割ってペースを刻むというものだ。

この計算でみんなも走ってみて

その法則に従ってボクは1キロあたり5分30秒。5キロでは27分30秒、3時間50分でゴールというタイムを設定した。

ハーフのタイム×2.11がフルの目標タイムとなる

未知の距離を走るのだから、恐る恐るスタート。周りは速い。どんどん追い越されていく。みんなオーバーペースなのだ、とひとり言。ヨシキも、設定タイムを守った……のは最初の10キロまで。段々体が温まりペースが上がっていく。

ペースが上がればどんどん抜ける。気持ちいい。ボクと並走するお兄ちゃんランナーがいた。他にランナーがいなくて、テレビ中継車がいたらデッドヒートをしている二人に見えるだろう。果たして優勝はどちらか、なんてね。

このままで行くとゴールは3時間40分切れるかも。「よし」と目標を上方修正した。

この気持ちが続いたのは25キロまで。何とか30キロまではそのペースを保ったものの、そこからペースダウン。目標も下方修正。

更に35キロからは悲劇が待っていた。残り7キロ余りだというのに、脚が痛い。セントラルパークに入ってからのゴールが遠い。必要に続くアップダウンに耐えてゴール。結局は3時間50分という当初の目標達成にはなった。

気持ちよく走れるようになったのは調子が良かったからではなく単にランナーズハイになっていただけだ。そこでペースを上げてはいけないのだ（あとの祭り）。

走っているときのペースはどうあれ、目標達成。

イーブンペースで走るということの大切さはここで学んだはずなのに……その後のレースで何度も失敗をして30キロ過ぎからペースダウンをしているのだ。

最初押さえて、最後の5キロは必死に走って最初と同じスピードというのが効率的な走り方なんだけどなあ。

走った翌日はまともに歩けないほどの脚の痛み。脚を引きずりNY観光。同じような人に出会うと苦楽を共にした戦友のような気がして何だかうれしかった。

レース翌日やっとのことで歩いた。階段下りがとくに辛かったでもなぜか心はうきうき。

1週間ほどで筋肉痛はほぼ治ったものの、2週間経っても足裏の筋肉痛だけは治らない。

そこで新宿のいつものクリニックへ。先生は「それは筋肉痛ではありません。筋膜炎です」と説明してから痛み止めの薬を処方してくれた。

ありがたいことに痛みは軽減したので走れた。しかしそのことを知るや先生は「炎症が治ったのではないよ。ヨシキさんには二度と痛み止めは出さないから！」と叱られた。炎症は1カ月続いた。これがボクの故障デビューといっていいと思う。

翌年の3月、3時間半を目指して走ったけど、春の嵐にやられて半を切れず。半を切るのは秋に持ち越されてしまった。

秋、もう実力はついてきた。目標達成！　とスタートしても、いつも3時間33分とか34分、35分が続く。ボクは永遠に切れないのではないかという絶望感に追い込まれた。

そのようにして夏が過ぎ秋が過ぎ冬が過ぎ、3月に迎えた板橋マラソン。1キロ5分弱で走れば3時間半でゴールできる。それを徹して守ろうとスタートした。後半になってかなり余裕があり、ペースアップ。結局3時間8分でゴール。平均ペースはキロ4分半だから後半のペースアップはQちゃん真っ青といったところだ。

故障の遊園地と化していったヨシキ。故障のデパートより親しめるかな。

大幅なペースアップを喜んだことは言うまでもないが、「ここまで来たなら……」という気持ちが当然のごとく湧いてきた。

言うまでもなく、サブスリー（フルマラソンで3時間を切ること）だ。市民ランナーとしては大きな勲章となる。

更なるトレーニング開始と同時にボクの体は故障の遊園地と化していった。

Qちゃん　シドニーオリンピックのマラソン金メダリスト高橋尚子の愛称

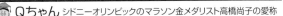

近い海外で人々の心にふれあった

ソウル国際マラソン

韓国

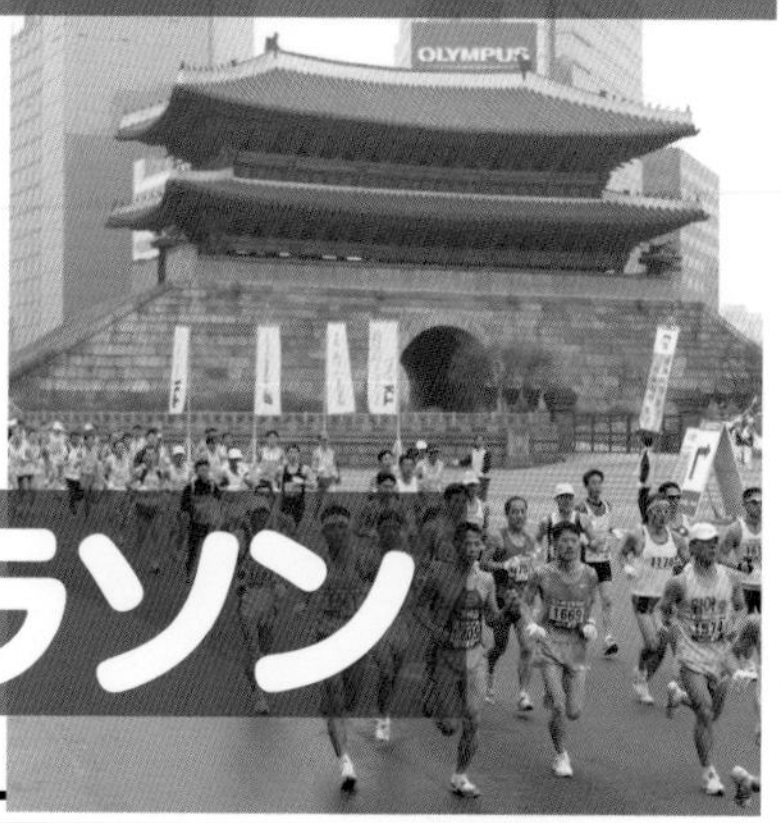
OLYMPUS

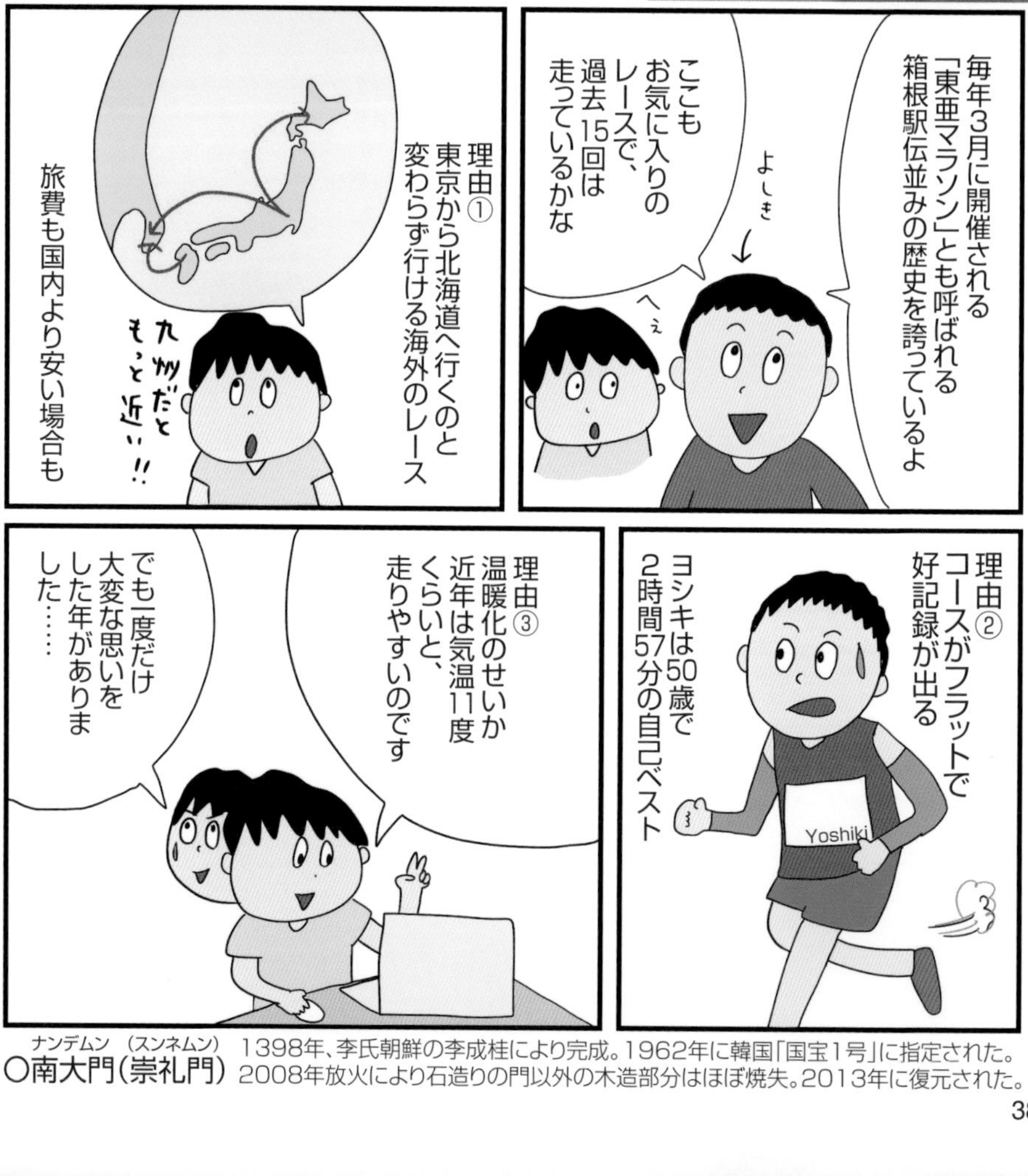
毎年3月に開催される「東亜マラソン」とも呼ばれる箱根駅伝並みの歴史を誇っているよ
よしき
ここもお気に入りのレースで、過去15回は走っているかな
へぇ
理由① 東京から北海道へ行くのと変わらず行ける海外のレース
九州だともっと近い!!
旅費も国内より安い場合も
理由② コースがフラットで好記録が出る
ヨシキは50歳で2時間57分の自己ベスト
Yoshiki
理由③ 温暖化のせいか近年は気温11度くらいと、走りやすいのです
でも一度だけ大変な思いをした年がありました……

〇南大門《ナンデムン》（崇礼門《スンネムン》） 1398年、李氏朝鮮の李成桂により完成。1962年に韓国「国宝1号」に指定された。2008年放火により石造りの門以外の木造部分はほぼ焼失。2013年に復元された。

朝の通勤ラン。会社近くのジムで着替えるはずが、ズボンを忘れた。仕方がないのでワイシャツにネクタイをしめてランパンで出勤した。

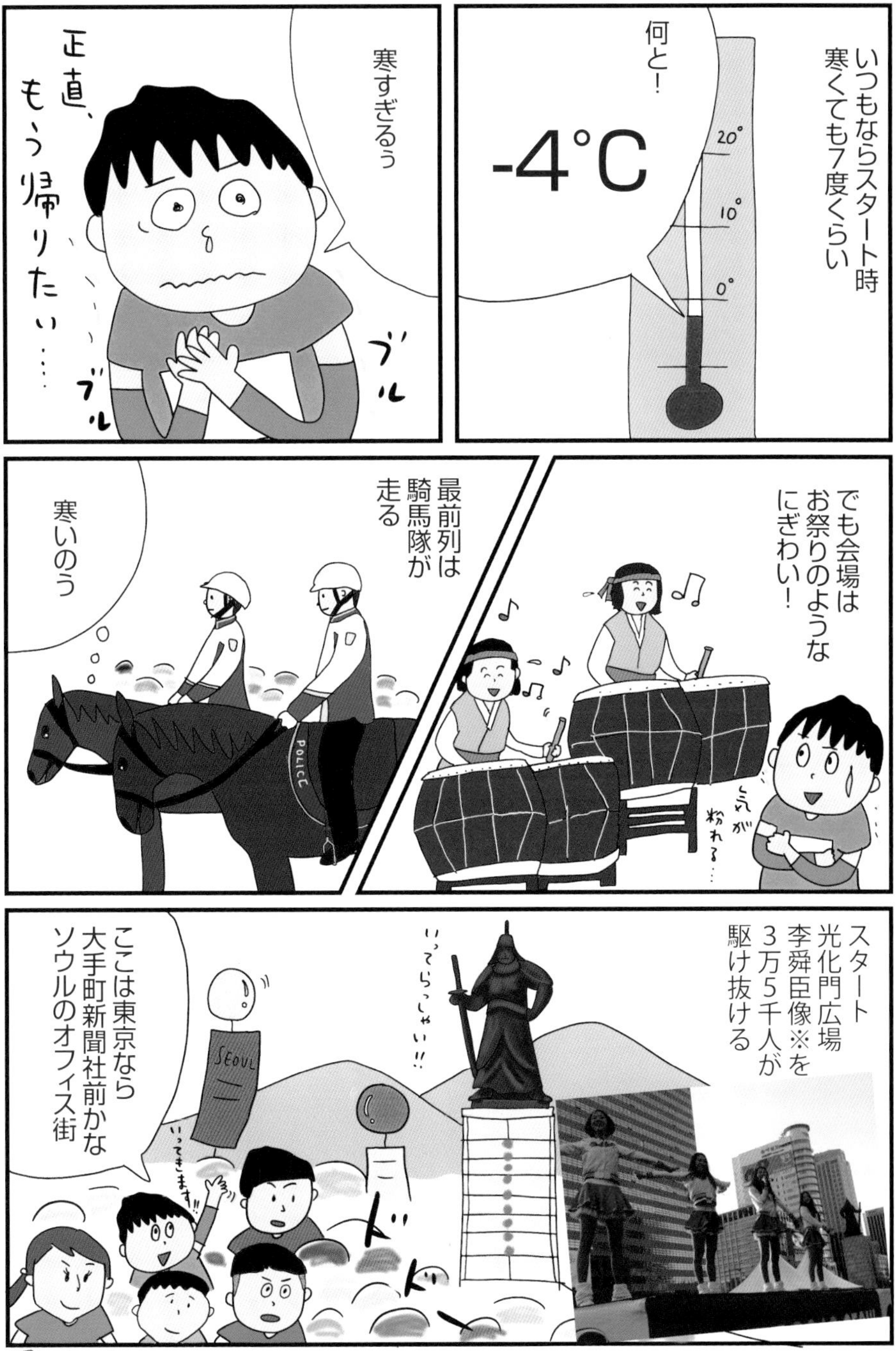

李舜臣《イ スンシン》　豊臣秀吉軍が朝鮮に攻め込んだ時、水軍を率いて活躍した英雄

南大門
韓国の国宝
放火の被害にあったのが残念
観光地巡りの開始だよ
汗がすぐに冷えて背中に流れる……
少し温まったかな……
Yoshiki
給水は大切だ！でも冷たくてお腹をこわさないかなあ
STAFF
!
はて？
シャリ
シャリ
薄氷が張っていた
ひぇ～

少しずつ飲む……
こぼれた水でアイスバーンになるかな
ブルブル
ん!?
エリートで走った友人はスペシャルドリンクがシャーベットになっていたそうだ
スペシャルドリンク
じゅるじゅる
清渓川《チョンゲチョン》
近代的な建物が立ち並び見ているだけで楽しくなってきた
オッパーファイティン（お兄さんがんばって）
キョロキョロ
25キロ地点エイドロッテのチョコパイを発見
どうぞ!
간식
STAFF
ヨシキは食べずに通過……
食べたかったー
よしきん
そういえば…

清渓川《チョンゲチョン》 ソウルの中心部を流れる小さな川だけど、かつては生活排水が流れ悪臭がするどぶ川と化していた。そこでこれまで川の上を通っていた高架道が撤去され2005年に名前の通りの清流として復元された。今では市民の憩いの場となっている。

東大門
あれ最初のとは
違うよね？
似てる…
漢河にかかる
蚕室（チャムシル）大橋
ロッテワールドタワー
ここを渡れば
あと5キロだ！
全長3キロくらい
強風のときもある
蚕室《チャムシル》総合運動場がゴール
ソウルオリンピックの
メイン会場になったよ
ここを走れるなんてすてき♥
競技場をほぼ1周して
感動のゴール
SEOUL
FINISH
3：45:00
走ったあとは
グルメとマッコリ
今回の宿は
チムチルバン
ホテルのとき
ヨガンのとき
もあるけど
サウナやお風呂
休むところが
充実していて
千円くらい
健康ランドみたいなところね
また来年!!

東大門（興仁之門） １９３６年前に建てられた城郭門の一つ。今では周辺がソウル有数の市場のみならず、ショッピングセンターが立ち並んだり総合運動場ができるなど近代的になっている。

ヨガン 漢字では「旅館」と書く。１泊２５００円から４０００円程度で宿泊できる（バストイレ付き）。２００２年、サッカーワルドカップが開催されたとき世界からやってくるサポーターの宿泊用に「ワールドイン」という名称で提供された。

ソウルオリンピック 1988年開催。ハングルで8をパルと発音することから、パルパルオリンピックと言われた。100mのカール・ルイス、F・ジョイナー、マラソンは男子がボルディン、女子はロサ・モタが優勝。日本ではシンクロの小谷美可子が銅。体操の池谷幸雄が銅。マラソンの中山竹道は4位だった。

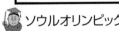

大会名 ソウル国際マラソン 兼 東亜マラソン

開催日 3月第3日曜日

大会事務局 http://seoul-marathon.com/

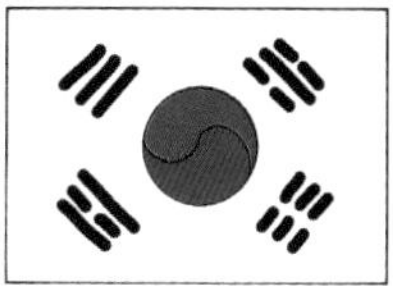

国 大韓民国

3 泊 4 日

スケジュール
土曜日朝、日本を出発。2時間でソウルの空港へ。
ゼッケンピックアップ。
日曜日はレース。光化門広場より8時からウェブスタート。
月曜日は観光やグルメ、エステなどなど。
火曜日に帰国(月曜夜でも可)。

70,000円〜(飛行機代、ホテル、移動費など)
スタート地点に近い市庁舎、ソウル駅あたりのホテルがお勧め。スタート地点とゴールは離れているのでゴール後は地下鉄に乗って帰ろう。
※10キロの部はマラソンコースの最後の10キロを走る設定。スタート時間も遅いのでフルを見送ってからでも十分間に合うよ。

フルマラソンと10Kがあるよ

旅コラム

1391年に第1回が開催されたという。世界で2番目に古い大会だ。

過去、慶州で開催されていたこともあったが、2000年よりソウルで開催されている。光化門広場がスタート、蚕室のオリンピックスタジアムがゴールという基本は変わっていないが、チョンゲチョンという運河が整備されその沿道を走るなどよりフラットコースになっている。

気温は温暖化のためかソウルの3月後半は最高気温11度くらいと走りやすい。

上:スタート　下:トップ集団

レースの後はソウルの街に繰り出してグルメを楽しみたい。(レースの前後の人もいるけど)。ノリャンジンの海鮮市場で鮮魚を仕入れて横にあるお店で料理して貰えるよ。エステも人気。日本から予約していく女性が多いね。

電車で行けるので38度線に近い自由公園に足を運んではどうだろうか。非武装地帯に行けるツアーもある。日本とは違う現実がそこにあるので考えさせられる。

↑爆破されたままの列車(自由公園)

↑鐘閣の屋台

←ノリャンジンの海鮮市場
隣接するお店で料理してくれる。

初サブスリーをめざして

サブスリーとはマラソンを3時間以内で走ることを言う
市民ランナーにとって大きな目標だし一つの勲章だね。

ヨシキコラム④

メタボを指摘されてからフルマラソン完走までが1年半。そこから更に、1年半かけて3時間半が切れた。これからは未知のサブスリーへと進むことになった。

サブスリーで走り切るには1キロ当り4分15秒で走り続けなければならない。このペースつかむのにハーフマラソンを活用した。

毎週のようにレースに出かけるようになると、最初は健康のためにがんばっているからと応援してくれていた家内はいい顔をしなくなった。レースは朝早く出かけることが多い。

そっと布団から起き部屋をでようとした瞬間、「あなた、今日はどこへ行くの?」と布団の中から。一瞬凍てつくが、「早く帰るから」といって飛び出す。

※板橋マラソンから11ヶ月後の2月に開かれた「彩の国さいたまマラソン」で初サブスリーを目指すことにした。

走り込みの効果があって快調に走った。ハーフ通過が1時間57分。3分の貯金ができたと喜んだ。30キロ通過。ペースが落ちてきているが踏ん張れば何とか目標達成できるか。

と思う間もなく足が動かなくなってきた。とうとう35キロ地点で足がストライキを起こし、ストップ。以降、歩いたりとぼとぼ走ったり。残りの7キロは本当に長かった。

結局3時間35分でゴール。前半より40分近く後半は遅かったことになる。

びくっ
今日も、また
どこへ 行くの？

こっそり出かけようとした瞬間、妻から‥

オーバーペースだったのは当然のこと。もしダメだったら1か月後の板橋マラソンに掛けようと二刀流だったのが間違いだった。彩の国で辛くなったとき気持ちも切れてしまった（大谷にはなれなかった）。

結局挑戦1年目では達成できず次のシーズンへ。11月のつくばマラソン。前半自重して走ったつもりだけど、3時間4分。3時間の壁は厚い。ふらつきながらトラックを走った。脱水状態だった。

翌年2月のラスベガスマラソンで念願のサブスリーを達成するのだけれど、その前10月、11月はいままで以上に走り込んだ。ペースはゆっくりだったけど距離は踏んだ。その結果がすぐにではなく2月にでたのだと思っている。

2:58
サブ3
2:59
3:04
まだまだ甘いぞ!!
ウリャー
3:02
3:06
3:08

サブスリーの壁はベルリンの壁のようにかなり厚かった

板橋マラソン
荒川の河川敷を走るレース。東京・荒川マラソンと呼ばれていた。彩の国さいたまマラソンはなくなった。

ラスベガスマラソンはボクの知る限り3回コースと日時・時間変更がなされている。今は11月に、ロックンロールマラソンとして開催。至る所にバンド演奏があり、お祭りのようだ。スタートは午後3時、目抜き通りのストリップの真ん中、マンダレイベイホテル前をスタートして夜のネオンに迎えられてゴール。贅沢な大会だ。

しかし初サブスリーを達成したときはの開催は2月。朝5時にバスに乗って42キロ先の砂漠のど真ん中で降ろされる。そこから一直線の道を摩天楼目指して走るという単調過ぎるコースだった。

景色の変化もなければ応援もない。ひたすらまっすぐ摩天楼に向かう。

年末年始の宴会ラッシュを終えたところだけど、走り込みもできていないし、体重管理なんて全くできていない。怖くて体重計にも乗れなかったくらいだ。

参加者は、今の10分の1の4000人くらい。そして砂漠の朝は寒い。7度くらいだろうか。

ここでも「イーブンペース」という言葉を肝に命じてスタート。1キロ当り4分15秒、5キロを21分15秒のペースを刻めばサブスリーだ。ついつい周りのランナーにつられてペースが上がりそうになるが、時計とにらめっこしてじっと我慢の子。砂漠のコース。時計を友として耐えた。

ハーフを1時間29分40秒で通過。20秒の余裕。言い換えれば 後半 秒遅れたらサブスリー達成ができない。

今のペースを維持しようと時計とにらめっこ。

やはり30キロからきつくなってきた。35キロ過ぎてからは今のペースを維持するのが辛い。それでももがくように走る。40キロ通過でサブスリーまで11分程。

達成できるかどうかの瀬戸際。諦めたらまた最初からやり直さないといけない。とにかく走ろうと痛む足を無理やり動かす。

最後は公園に入ってゴールとなる。公園入口からゴールが遠かったらアウト。近かったらセーフ。とにかく必死に動いて公園に入った。50m先がゴールだった。

「よし、やった！」

記録2時間59分42秒。

気温は太陽が上がるとともにうなぎ上り。20度くらいになっていたのだろうか。

ゴールして感動の涙。男泣きしてしまった。

ホテルに戻りプールサイドでうとうとしながら何度も時計を見直した。5キロ毎のラップ30キロからの5キロの落ち込みが30秒。もがきながら走っていたときだ。よくぞ30秒で抑えられた。抑えられたこと、これがレースの全てだった。

走り込みの効果はすぐ出ないけど、時間が経てば必ず出る。いい悪いは別としてレース直前まで宴会が多く、十分に走れず、故に疲労が抜けていたことも勝因の一つかな。

夏を制するランナーは札幌に集まるのだ

北海道マラソン

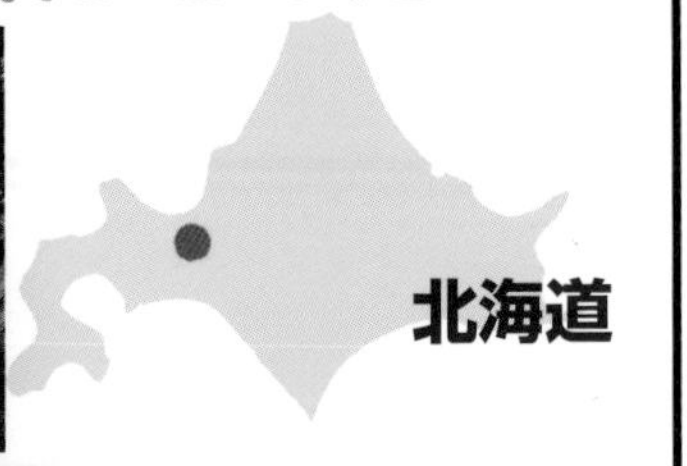

谷口浩美

1960年宮崎県生まれ。1992年バルセロナ五輪のマラソンで後続選手との接触により転びシューズが脱げる。レース後、「コケっちゃいました」とコメント。このすがすがしい名言は後々語り継がれる。北海道マラソンは1989年に走り優勝している。

完走したご褒美だから……と甘やかす自分。ご褒美ばかりでケーキ食べ過ぎに体重計が気になってきた。

ちょうど応援に来てくれていた友人家族
走らないの？
コラッ
収容バスはあちらです
せっかく来てくれたのに……
ごめんよ
あははは…
コース
バス
初めての収容バスランナーの口数は少ない
アナウンス
ランナーのみなさん、お疲れさまでした。
ではフィニッシュ地点に向かいます
……
翌日の新聞には完走者の名前がズラリ※
あ〜みんな載ってる……
やっぱり私の名前は載っていないなぁ
リタイアって悲しいなあ……
しかも、もう2年連続…。
いいえただではリタイアしないようです
!!
はっ…
いた〜っ！しかも楽しそう(笑)
ど――ん
北海道新聞
○○○○年○月○○日
完走者
真夏の
真駒内競技場から走り出すランナーたち
ありがとう道新!!
2009年からは制限時間が5時間にスタートは正午から午前9時に変更コースも大幅に変更された
今では1万人超え!!

※現在は個人情報保護のため参加者全員の名前は載っていません

3度目の正直！
これはいよいよ完走できるチャンス
メラ メラ
今年こそやるぜ！
大丈夫？
本当にでるの？
朝8時 大通り公園沿いに整列
今回は一番緊張するな
ざわ ざわ
わい わい
ざー
D ブロック
偶然、友人に会う。なんだか元気がでてきたぞ
テレビ塔が1分前からカウントダウン開始
0:01
今年こそリタイアしないぞ！えいえいおー
3‥2‥1
スタート
スタート
がんばろうね
うん
がしっ
繁華街「すすきの」通過
4時間制限のときはまっすぐ先の中島公園がゴールでした
すすきのビル
NIKKA
がんばって〜
ドドドー
テレビでよく見る場所ですね
走りたかったな
豊平川
秋には鮭の大群が上がってくるよ
幌平橋

創成トンネル
ひたすら足音だけが響く
行くぞーっ
タッ
タッ
タッ
タッ
タッ
900メートルでくぐり抜けると登り坂
ま…まぶしい!!
毎年、お年寄りたちがこの場所で応援をしてくれる。
できるだけ応えたい!!
トップランナーとすれ違えるのもいい!
パチパチ
おぉ
パチパチ
拍手
新川通り
ザ・北海道な景色
ここから6キロ近い直線が待ち受けている
アハハ…
あったぁ〜
折返点
TURNPOINT
タッチするランナー多し
遥か遠くに札幌駅あたりが見える
札幌駅
ど〜ん
来たからにゃあ戻らねば……
がんばりたまえ!!
はい…
うおぅ…
高校生ブラスバンドの応援などもあってありがたいです
エイドも全部おいしいのが北海道だね!
バウムクーヘン
おいし

ここを曲がれば
北海道大学の
敷地に入る
わー
わー
あと4km
結構
くねくね道
また曲がるの
ひー
沿道は
ひときわにぎやか
おぉ
メインの道に
やっと来た
緑のトンネル
美しい…
駅前ということもあり
沿道はとても賑やかです
旧北海道庁
41・6キロ
関門があるので注意です！
声援が一番多い場所
大通公園が見えてきた
この角を曲がれば
もうゴールだぞ
FINISH
4：13
やった
完走！
完走おめでとう
ございます
3年分の思いが
詰まった
完走メダルです
えへへ
ありがとうございます～
やっと
もらえた!!
3回分!!

東京オリンピックのコースの一部を走るよう、変更になった。

大会名　**北海道マラソン**　開催日　8月第4日曜日

大会事務局　https://www.hokkaido-marathon.com

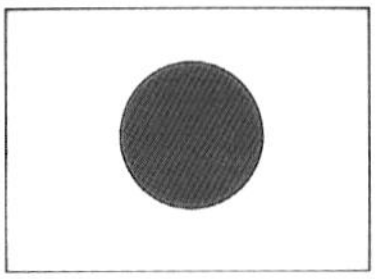

国　日本 北海道

2 泊　3日

土曜日　午前　羽田空港発→新千歳空港着（1時間30分）
新千歳空港から電車かバスで札幌駅へ。（40分）
スタート地点でもある大通公園でゼッケンをピックアップ後、軽く散策。
日曜日　朝9時スタート。
月曜日　小樽なら日帰り観光も!夕方、新千歳空港へ。

航空券+宿　50,000円くらい

私は帰省も兼ねてなので航空券のみ。8月下旬は早めだとお得に購入できる場合が多いです。

旅コラム

日本で唯一、真夏に行われる公認フルマラソン。コースは何度か変更されています。現在は札幌の観光名所でもある、大通り公園がスタートになっています。テレビ塔の時計部分の電光掲示板が1分前からカウントダウン表示になり、ランナーたちの気分も盛り上げてくれます。

繁華街すすきのをはじめ、札幌駅周辺などを通って、北海道の雄大さを体感できる直線5キロ近くもある新川通りへ。ここは往復するので、トップランナーともすれ違うことができます。スピード感にも圧巻で、元気が湧きます。

折り返すと再び長い直線ですが、北海道銘菓や、みずみずしい新鮮な野菜のエイドがあったりと、味覚でも北海道を味わうことができます。

少しずつ街中に戻ってきて、いよいよ北海道大学の敷地内へ。ここまで来れば、あと少し！　名所のイチョウ並木は木陰もあって少し涼しさも感じられます。

応援も賑やかになってきます。抜けると目の前に旧北海道庁。そしてゴールの大通公園が待っています。

比較的フラットですが、涼しい北海道とはいえ昼には30度近くなる年もあり、暑さ対策は必須です。

観光でおすすめは、帰省のたびに毎回行きたくなるモエレ沼公園。札幌市内なので交通機関でも行けますが、レンタカーがあれば便利です。大自然は必見です。

走るほどに遅くなっていく……

貧血ランナーの巻

あこたコラム②

フルマラソンの大会に出るようになってから、3年ほど経った頃のことです。

初心者ながらも、少しずつコツがわかってきて、速く走れるようになっていくのが楽しく、ランニングが日課になり、走ることが当たり前の生活になっていました。

そんなある時期から、徐々に思うようにスピードが出なくなってきたことに気がつきました。

「きっと練習が足りていないからだろう」。練習量を増やしたり、強度を上げてみるものの、しんどいばかりで、ちっとも効果が出ません。しかも、大会に出るたびにワースト記録ばかり更新するようになっていきました。

遂には、制限時間に間に合わなくてリタイアまでするようになっていきました。

練習しているのに、どんどん遅くなっていく。こうなると、今まで楽しかった走ることが、キツくてがつまらないと感じるようになっていきました。

何をするのも、日常的に身体が重くて動くのが億劫にもなりました。当時、ランニング雑誌でイラスト・ルポの連載をいただいていたので、ランナーでないといけないという使命感のようなものもありましたが、「走りたくないのに、走れないといけない。」それがさらにプレッシャーにもなって、玄関でランニングシューズを履いたまま走りに行けずに、座り込んで泣く日が続きました。

気持ちばかり焦るけれど、気力がまったく湧きません。ふと「もしかして、これは心療内科に行ったほうがいいのか？」と真剣に考えるようになりました。でも、病院に行くのすら億劫だなあ…と思っていた矢先、少し前に受けていた健康診断の結果が届きました。

何事も面倒になってくる…

ヘモグロビンの数値に※印がついていて、要検査になっています。

　健康診断の結果を持って、内科へ行ってみると、再検査。中度の貧血との診断でした。

「よく日常生活ができていましたね、辛かったでしょう」。自分が貧血だったとは気づきませんでした。しばらく処方される鉄剤を飲めば改善されるとのこと。原因がわかり、今度は安堵の涙。泣いてばかりだな。

　半信半疑で3ヶ月間、薬を飲んでいました。改善したような実感はあまりなく、その間、一度も10キロ以上を走らないまま、以前エントリーしていたフルマラソンに出ることにしました。

「とにかく完走を目標にしよう」リタイア続きで、すっかり完走できる自信がなくなっていたので、とくかく制限時間いっぱいかけて完走と決めていました。

　ところがスタートした途端、身体が浮いてるように軽い。軽くペダルを漕いて進んでいく自転車に乗っているような感覚でした。こりゃなんて楽なんだ。
「キツイな」と感じたのは35キロ過ぎ。これは毎度のことだし、ここが頑張りどころ。ヘロヘロだけど、その踏ん張りが効きます。そして、何大会かぶりのゴールゲートが見えて、無事に完走できました。タイムは気にせず走っていたのに、終わってみれば、自己ベストでした。

　治ってから感じたのは、今まで、ひざ下まで水があるなかを歩いているような重さの感覚だったということ。それが当たり前になっていて何も感じていなかったのです。健康な身体に戻り、辛かったのは気のせいではなかったと改めて実感しました。

水のなかを走っているみたい

　鉄欠乏性貧血は、徐々に数値が落ちていくので、自覚症状が少なく、気付かずに過ごしている場合も多いそうです。

　これを機に「健康で走れる身体であること」を意識するようになりました。食事と栄養についても考えるようになり、今が一番健康に過ごせている気がします。ランニングで学ぶこと多し！

鹿児島最南端の島は 心が温かかった
ヨロンマラソン

写真提供　ヨロンマラソン事務局

屋久島
奄美大島
与論島
沖縄本島
鹿児島県

1日目
鹿児島空港から飛行機を乗り換え
1時間15分。
初のプロペラ機に酔う
ペラペラ
うっ…
もう話かけないでいただきたい……
…

笑顔で迎えてくれる空港の人たち
タラップを降りて歩いて
ターミナルへ行くのが新鮮でした
与論空港
ようこそヨロン島へ!!
ほのぼのー

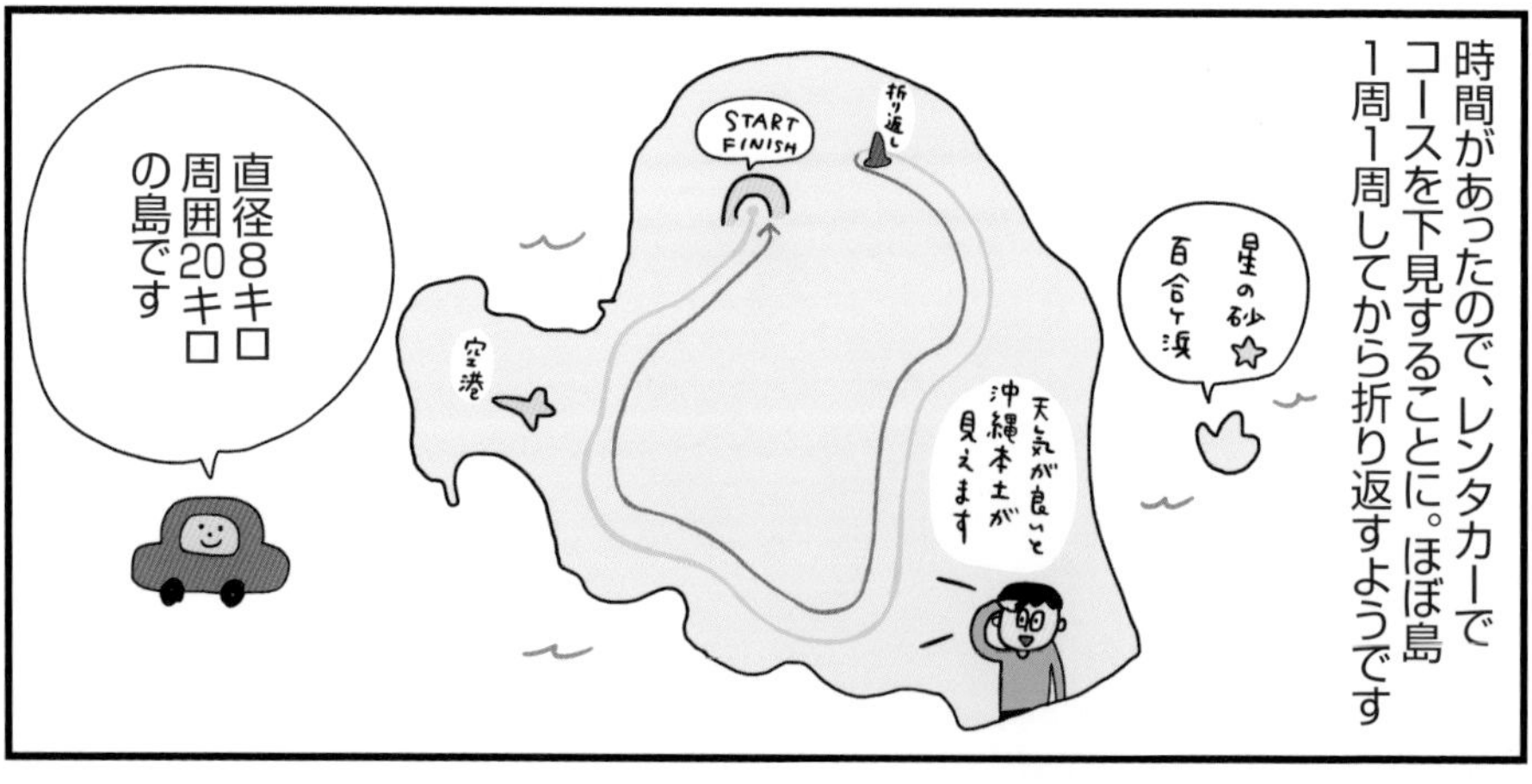
時間があったので、レンタカーで
コースを下見することに。ほぼ島
1周1周してから折り返すようです
星の砂☆
百合ヶ浜
START FINISH
折り返し
空港
天気が良いと沖縄本土が見えます
直径8キロ
周囲20キロ
の島です

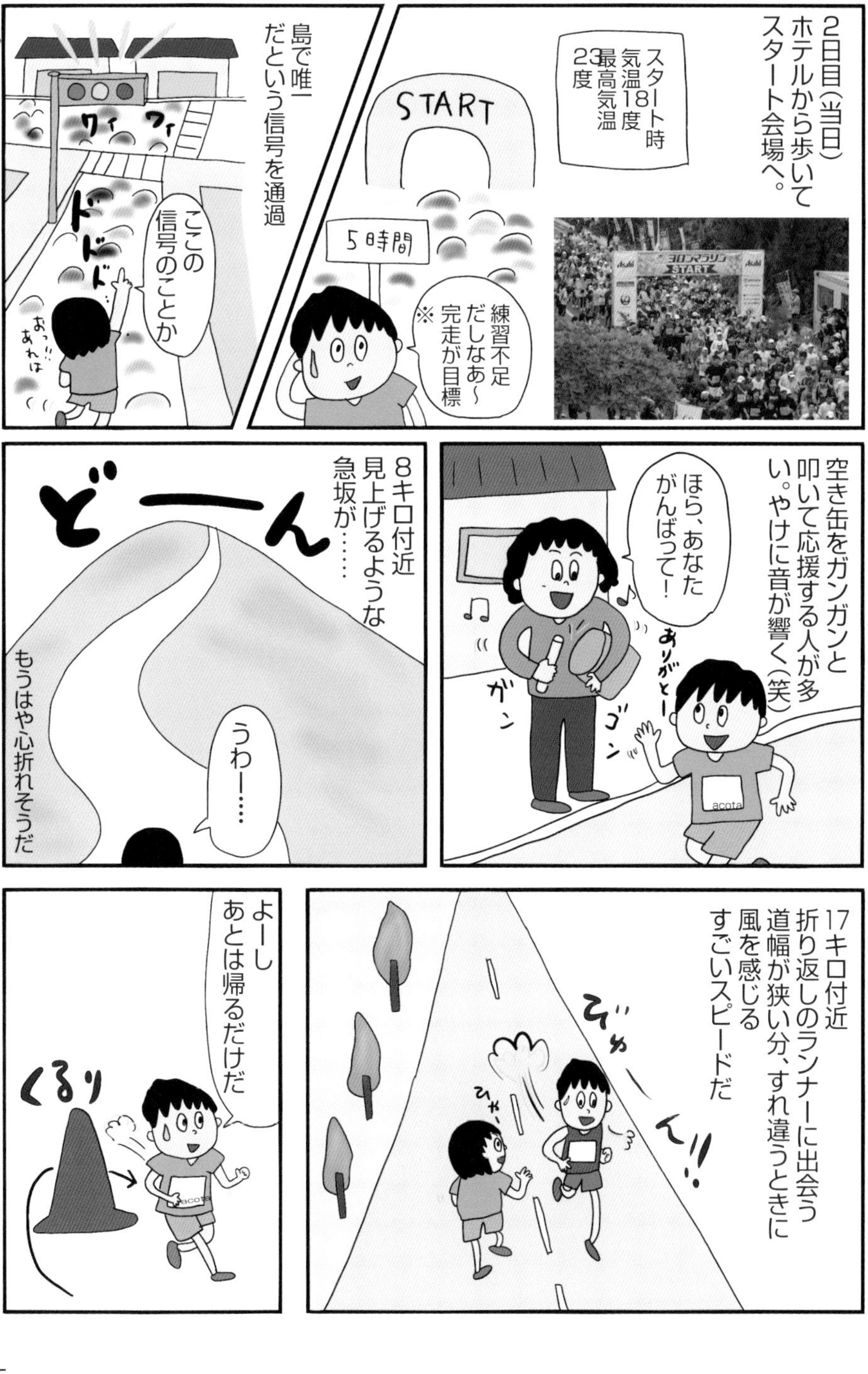

2日目（当日）ホテルから歩いてスタート会場へ。
スタート時気温18度 最高気温23度
START
5時間
※練習不足だしなあ〜完走が目標
島で唯一だという信号を通過
ワィ ワィ
ドドド
おっ!! あれは
ここの信号のことか
空き缶をガンガンと叩いて応援する人が多い。やけに音が響く（笑）
ほら、あなたがんばって！
ガン
ゴン
ありがとー
acota
8キロ付近見上げるような急坂が……
どーーん
うわー……
もうはや心折れそうだ
17キロ付近折り返しのランナーに出会う道幅が狭い分、すれ違うときに風を感じるすごいスピードだ
びゅーーん!!
ひゃ
よーしあとは帰るだけだ
くるり
acota

※ランナーは走る前に「言い訳」をすることが多い。上手く走れなかったときは言い訳が役に立つし、上手く走れた時は練習していないのにすごい記録だねと感心される（解説、ヨシキ）。

1度完走できたしと調子に乗って練習していなかったら、こんな辛い思いを……。この後、反省しました。コツコツが重要を思い知りました。

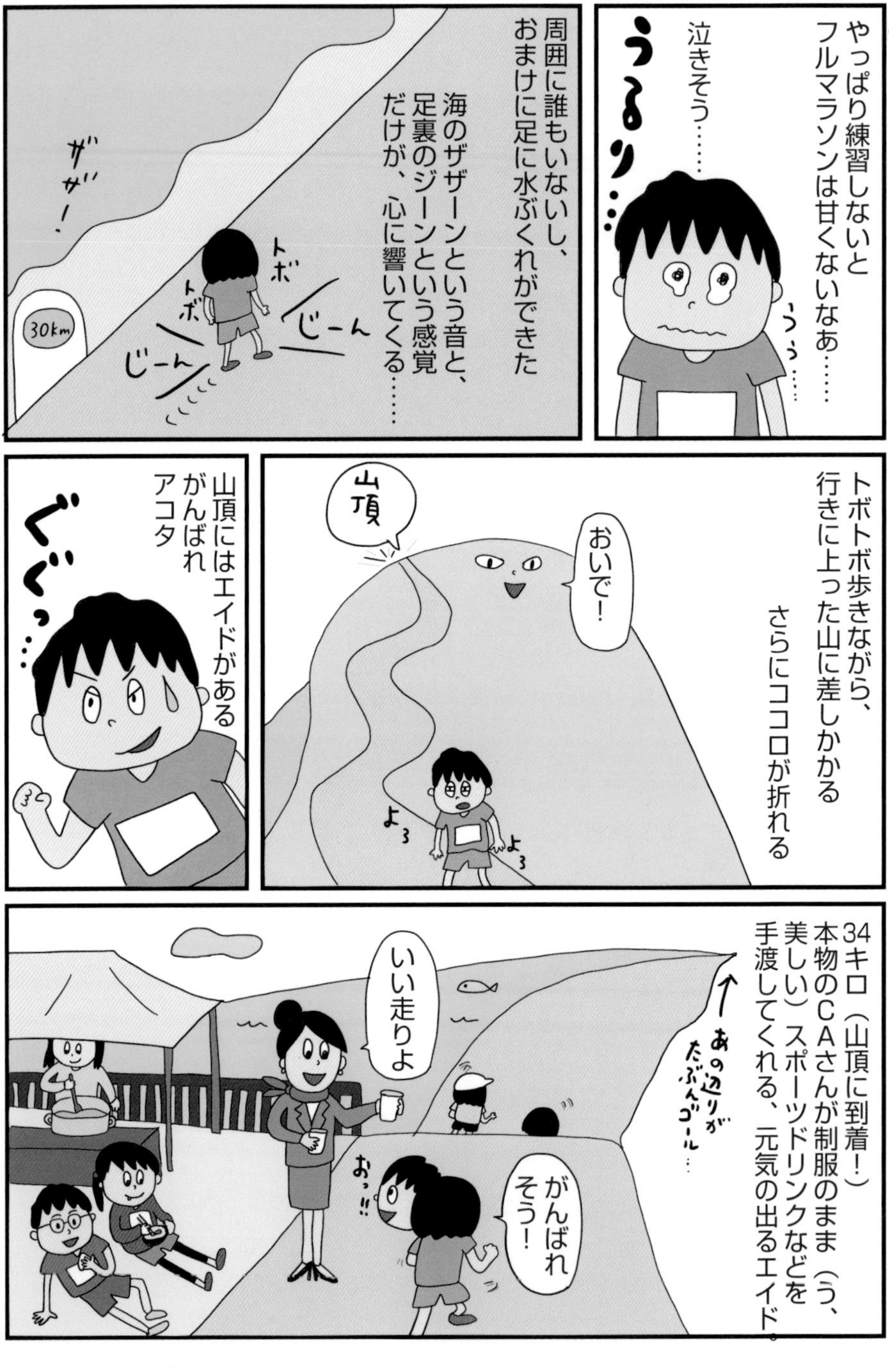
やっぱり練習しないと
フルマラソンは甘くないなあ……
泣きそう……
うるり…
うぅ……
周囲に誰もいないし、
おまけに足に水ぶくれができた
海のザザーンという音と、
足裏のジーンという感覚
だけが、心に響いてくる……
ザザー!
トボ
トボ
じーん
じーん
30km
トボトボ歩きながら、
行きに上った山に差しかかる
さらにココロが折れる
山頂
おいで!
よろ
よろ
山頂にはエイドがある
がんばれ
アコタ
ぐぐっ…
34キロ（山頂に到着！）
本物のCAさんが制服のまま（う、
美しい）スポーツドリンクなどを
手渡してくれる、元気の出るエイド。
いい走りよ
がんばれ
そう！
おっ!!
あの辺りがたぶんゴール…

おにぎりと豚汁があったので一息することに
はー温まるぅ
まだ休んでいたいけど…
楽しんで走って
そろそろ行きますね
ロールベールラップサイロ※に文字が……謎解き?
バンガレ
バンガレ?
並べ間違いだと思うが、それが笑えてリラックス
ゴールまで5キロ小学生が伴走してくれた
まさきとこうへい
お願いしまーす
ほのぼの
こうへいはサッカー部のエースなんだ
6年生なんだ
へぇすごいね
えへへ
突然軽トラから
こうへーいちゃんとゴールするんだよ
お世話になりまーす
親戚のおばちゃんだ
恥ずかしそうに答えるのがかわいい

※ロールベールラップサイロ　牧草やわらなどを筒状に丸めてラップで包んだもの。牛さんのご飯になるのですね!

横断歩道の青信号が点滅開始。ダッシュして走り切るか赤になるまで待つか、信号で今日の調子がいいか悪いか気が付く。

41キロ付近キッズに異変
どした?
ぜぇ
ぜぇ
顔が真っ赤できつそう。私が疲れている場合ではなくなった
大丈夫か?はい給水して
次の電柱まで少しだけ歩こうよ
はいお水!!
あるよ
Acota
う、うん!
そうこうしているうちに私が元気になってきたかも
FINISH
ありがとー
ひまわりキッズ!!
手をつないでゴールだやったね!
完走メダルは焼き物で独特なデザイン
計測チップを外してくれるのもキッズ
うちも民宿なんです来年も待ってます
そうなんだ
ありがと!!
夕方からは、完走パーティ会場は、真っ白な砂浜なんて贅沢な時間。屋台のご飯もおいしい!
乾~杯!
さとうきびジュースか
走っているときは辛かったけど海を眺めながら感無量
美しい海と、のんびりとした雰囲気や、温かい島の人たちにも会えた素敵な島でした。大満喫の旅!

大会名 ヨロンマラソン　開催日 3月第1日曜日

大会事務局 https://www.minc.ne.jp/yorontou

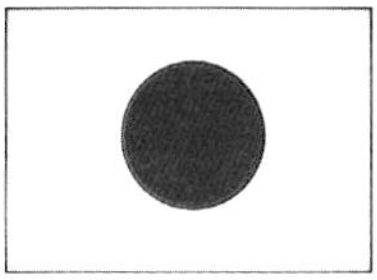

国 日本 鹿児島

2 泊　3日

土曜日　朝一番で鹿児島空港へ。乗り換え、与論空港に到着。空港から送迎バスでホテルへ移動。ゼッケンの受け取り。1周20km程の島をコース下見を兼ねてレンタカーで巡る。
日曜日　朝9:00スタート。夜は海辺で大会主催の完走パーティー。
月曜日　足をほぐすのも兼ねて、レンタサイクルで島を1周。干潮時にだけ現れる、百合ヶ浜などを観光。

航空券+宿　80,000円くらい

沖縄からフェリーや飛行機など、いくつかの交通手段があります

旅 コラム

鹿児島県の最南端にある人口5000人ほどの島。空港に到着すると地元のかたが笑顔で歓迎してくれる姿に温かさを感じます。

送迎バスで宿へ着くと、目の前が美しい海！

ちょうど、レンタカーが空いていてコースの下見をすることにしました。ゆっくりと走っているつもりなのに、やけにノンストップで進むなと思ったら、信号が見当たらない。ヨロン島には1箇所なのだとか（当時）。スイスイと、1時間もかからず島を1周しました。

アップダウンは、多そうだな……。

当日は1000人程のランナーが出走し、島では大きなイベントになっているそうです。

声援が個人に向けられているのを感じられて「ありがとう！」と応えながら走る楽しさを知りました。エメラルドブルーの海が見えたり、のどかで美しい景色に癒されるコースです。

翌日は、筋肉痛をほぐすのにもちょうど良さようなので、レンタサクルで島を巡り。のどかな街並みが、眺めているだけで幸せな気分になります。

この頃から、「旅行に行くならマラソンも出なければもったいない」と旅＋ランがすっかり定番になりました。

レースを支える側に立ってみよう
ボランティアの巻

あこたコラム③

ランニングを始めて、マラソンの大会に出るようになってから、開催には大勢の人が携わっているのだなと感じるようになった私。

会場へ向かうとき、最寄駅から歩いていても、道案内の表示を持っている係員。出走前のランナーで混雑した会場内でも、手荷物預け場所やトイレ、整列するためのブロック案内してくれる係員。その方々のおかげで、初心者だった私でも迷わず、スムーズに準備をしてスタートラインに立つことができたと思います。しかも、みんな暑くても寒くても、雨でも。笑顔で親切にランナーをサポートしてくれる。

「自分が走って楽しむだけでなく、支える側も経験するべきだわ！」と思うようになり、東京マラソンのボランティアに参加しました。

事前の研修などを受講し、当日の朝を迎えました。出走ランナーと同じくらい早起きで、午前7時過ぎには新宿駅に到着しました。

徒歩で集合場所へ向かっていると、きっと走るであろうランナーと多くすれ違います。走る前の緊張感がないまま、会場に向かうのは妙な感覚でした。

この日はとにかく寒くて、最高気温でも10度以下。上着は支給されたけれど、ホッカイロを何箇所も貼って、なんとか過ごせる感じ。走る人よりキツイかもしれない……。

ボランティアは各ブロックごと、さらに細かく係ごとに数名のグループで構成されていて、私たちは新宿ブロックの2キロ地点周辺の係。私は「2キロ」の距離表示の看板を持つ係になりました。

通行止めの車道は広々していて誰もいなくて静か。でも、号砲の時間には、沿道の観客は歩道の半分が埋まるほどまで増えていました。「前に出ないでください」少しずつ前のめりになってきてしまうのをひたすら、お声掛けする。なんだか少し暑くなってきたぞ。

10分も経たないうちに、遠くに人影が見えると思ったら、想像以上にあっという間にトップランナーたちが駆け抜けていきました。ほんの一瞬だったけれど、カッコイイ走りに惚れ惚れ。それから、後続ランナーが続々とやってきます。

人がどんどん増えてくる!

「2キロ地点です！」。大声で言っていると、気付いたランナーが手を振ってくれました。そこまで気にする箇所じゃないかもしれないけれど、役に立っている気がして、う、嬉しい。徐々にランナーが増えてきて、足音や歓声で周辺が一気に賑やかになります。

　ほぼ全ランナーが時間差なく、駆け抜けていく凝縮した区間。しばらく賑やかなボリュームゾーンが過ぎ、少しずつまばらに静かになっていきました。最終ランナーが拍手で見送られ、道路の規制解除。すぐに自動車が次々と道路に入ってきて、いつもの（？）新宿の賑やかさに戻りました。嵐の前の静けさと、嵐が来て去ったあとのような、数十分間でした。

　沿道に並べていた三角コーンや規制するテープ、周囲のゴミを拾って、短時間だったけれど、私の任務も終了（場所によって活動時間が異なります）。気がつけば、たったの30分で声が枯れていました。その後は、沿道の応援へと向かったのでした。

　トレイルレース（山道を走る大会）で、給水係になったときのことです。登り続けて、登りきった所の給水場。トップランナーがやってきました。さぞかし、クタクタだろう……と思いきや「暑いなか、ありがとう！」と紙コップを手にしながらの笑顔。あまりにも爽やかで唖然とする私。颯爽と走り去ろうとする後ろ姿に慌てて「が、がんばってください！」と伝え、見えなくなるまで見送ってしまいました。走ってる方がよっぽど暑いだろうに……。素敵だ……。

　後半になるほど、自分のことで精一杯。「み、水〜」気持ちがすごくわかります！私も多分こうだ。でも、辛くても、お礼を言える余裕が持てるランナーになりたいなあ…と反省も兼ねて思ったのでした。

　参加者800名ほどのウルトラマラソンのお手伝いをしたときのことです。大規模ではないと言え地元の有志で運営していたので、準備は盛りだくさん。前後日だけしか行けなかった私は、頭が下がる思いばかりでした。思い当たる準備はもちろん、気付いていなかった部分も随分とあり、陰ながら支えてくれていた地元の方々の姿がありました。数日前にコース沿いの草刈りをしたり、100キロコースの距離表示看板をトラックで各地点に運びながら設置したり、目立たない地道なひとつひとつが成功に繋がっていることを体感し、どこを見てもその痕跡を見つけて、ウルリと涙が出てしまい、走れることに感謝の気持ちが溢れました。

　睡眠時間3時間とハードな数日間でしたが、それも楽しく学びの多い時間でした。これからも少しずつ支える側をできる範囲で続けていこうと思います。

NAHAマラソン
太陽の海とジョガーの祭典

屋久島
奄美大島
沖縄本島
沖縄県

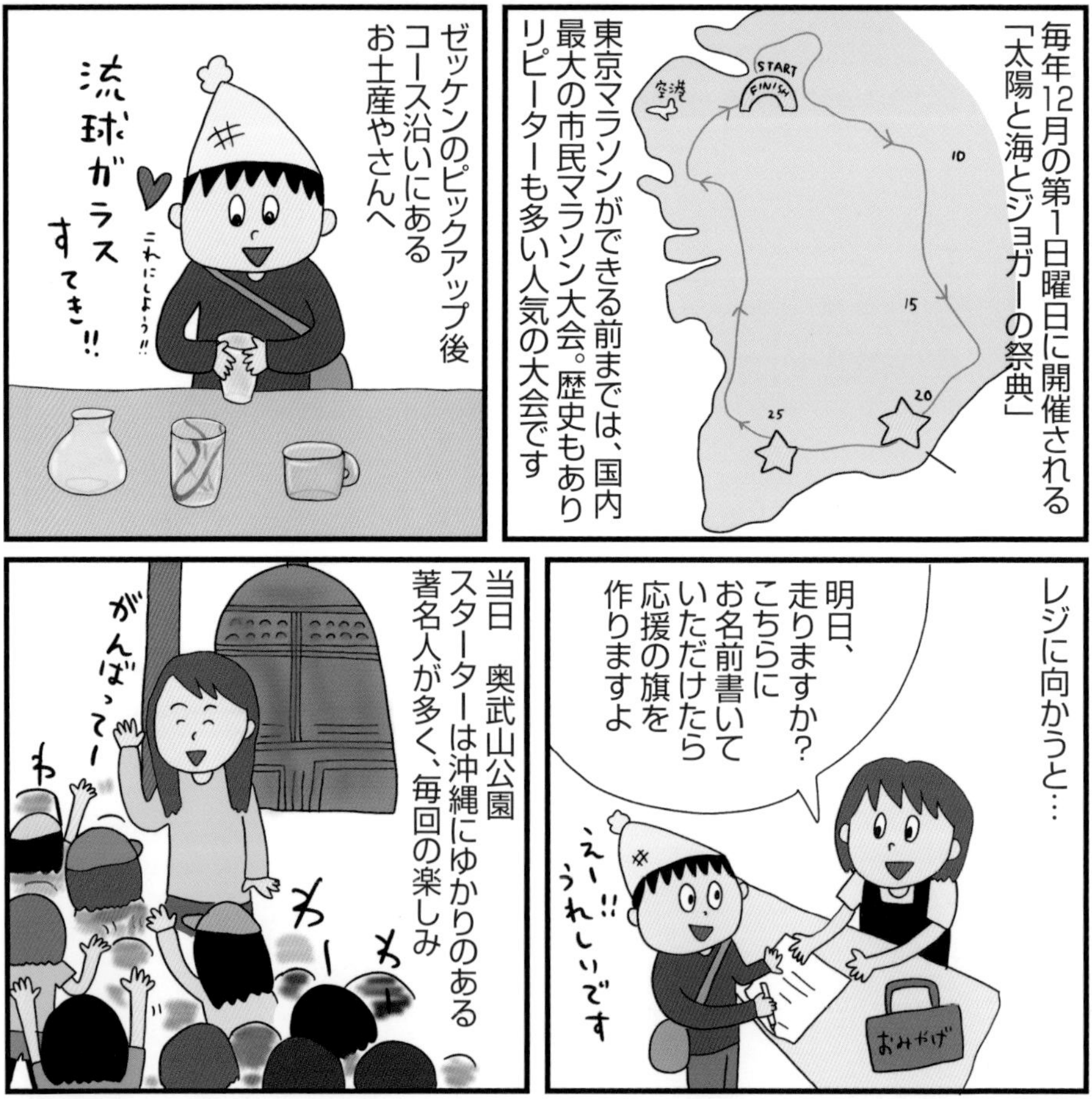
毎年12月の第1日曜日に開催される「太陽と海とジョガーの祭典」
東京マラソンができる前までは、国内最大の市民マラソン大会。歴史もありリピーターも多い人気の大会です
START
FINISH
空港
10
15
20
25
ゼッケンのピックアップ後コース沿いにあるお土産やさんへ
琉球ガラスすてき!!
これにしよう!!
レジに向かうと…
明日、走りますか? こちらにお名前書いていただけたら応援の旗を作りますよ
えー!! うれしいです
おみやげ
当日　奥武山公園
スターターは沖縄にゆかりのある著名人が多く、毎回の楽しみ
がんばってー
わー
わー
わー

国際通り
昨日のお店の前を通ると名前入りの旗を発見！
おみやげ
流球ガラス
がんばって～
よしき・たろう・あすか
はなこ みんながんばれ
ありがと～！
ドドド
あと40キロだよ～
がんばれ～
え！？あ、はい…
まだスタートしたばかりなのに……
私設エイドが多く、応援が温かいのも魅力！
泡盛あるよ～
飲んでいきな～
え、もう？
……
泡盛あります♪
おいおい…友人が飲んだ
あの～すみませんいただいていいですか
おいしいよ～
え？飲むの？
スイー
さとうきび畑のなか、座り込んでいるランナーたち
誘惑に負けず、進まないといけない（私は飲めないけど）
泡盛あります♪
先に行って
あれ！大丈夫？

走る前、外を眺めながらストレッチをしていると「あこた、雨ごいしているの？」と聞かれた。そんなにやる気なさそうだったのかなあ。まあ半分当たっているけど。

平和祈念公園(中間地点関門)関門が閉じられる場面は名物になっていますね…
中間制限地点
STAFF
これで終わりです
ここまで走ったからと満足する人
関門を悔しがる人…
ひめゆりの塔
エイドもおいしいのが嬉しい
サーターアンダギーやソーキそば!
海はどこまでも青く透きとおる
つらくなって来たけど海に癒されます
わーい
ゴール
琉球ガラスの完走メダルがかわいい
FINISH
NAHAマラソン
完走したあとは大宴会
酔っぱらいつつ完走した
わい
わい
わい
わい

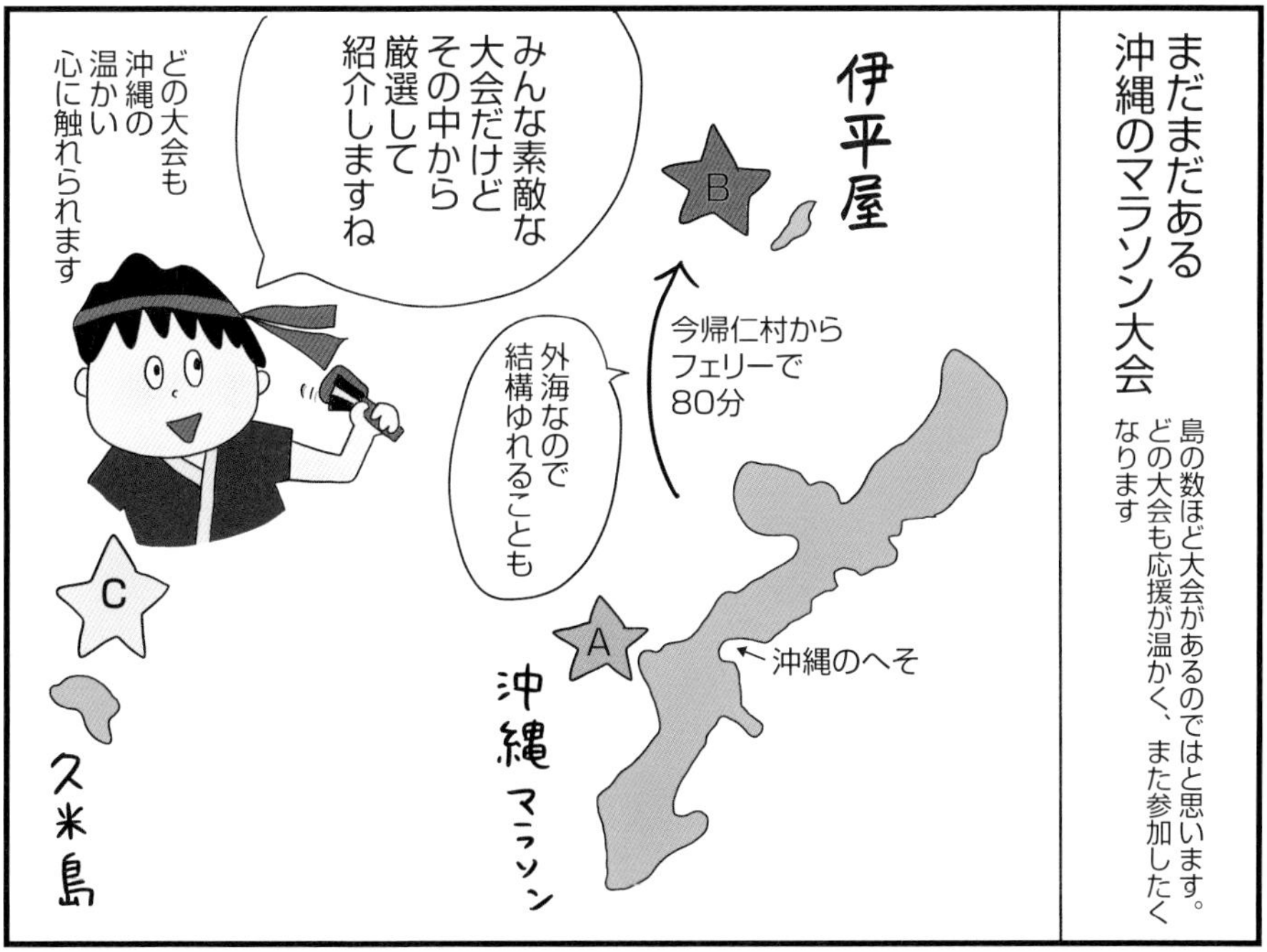
まだまだある
沖縄のマラソン大会
島の数ほど大会があるのではと思います。どの大会も応援が温かく、また参加したくなります
伊平屋
B
今帰仁村から
フェリーで
80分
沖縄のへそ
外海なので結構ゆれることも
A
沖縄マラソン
みんな素敵な大会だけどその中から厳選して紹介しますね
どの大会も沖縄の温かい心に触れられます
C
久米島

沖縄マラソン
毎年2月開催
参加者1万1千人
A
沖縄のへそ?くびれている石川市もコースだ
ボクはくびれないけどね
オリオンビール楽しみだねぇ
あっはは…
ちらっ
アメリカ人のエイサー
WELCOME TO KADENA AIR BASE
Good Job!
嘉手納基地もコースなんだ
アップダウンありタフなコースですが景色や応援を楽しみたいですね 速く走るのはもったいない

ランニングウエアでの行動範囲が徐々に広くなっている私。どこへ行くにも慣れたら違和感がない。たまに私服で出かけると落ち着かない。

伊平屋
ムーンライトマラソン
開催10月の満月に近い土曜日
参加者1000人
B
1
1400人の島に1000人のランナーが押し寄せる
午後3時スタート
YOSHIK
沈みゆく太陽に向かって走る
2
夜9時からは大宴会
わい
3
宿に向かうバスの中で地元の人が…
公民館で寝袋か…と思っていたら
うちで飲みませんか
え!! いいんですか
4
12時過ぎなのに…
よく来たね
たくさん食べてね!!
どーぞ
ありがとう
島外からのランナーにもみんな親切で心温まる思いばかりだよ

久米島マラソン
開催10月の最終日曜日
参加者1500人
C
1
毎年東京から来ている友人
結婚おめでとう
式は挙げていないけどね
やすさん!!
ありがとー
2
ゴールすると突然
はい 花飾り
?
ほら 整えて
STAFF
とりあえず
指輪ね
3
2人のことを知っていた地元の人がサプライズで準備してくれていたそうです
このあと、みんなでヤギをつぶした鍋物をいただきました
お祝いごとがあると食べるものらしいです
うまい!!

大会名　NAHAマラソン　開催日　12月第1日曜日

大会事務局　http://www.naha-marathon.jp/postponement.html

国　日本　沖縄県

2泊　3日

土曜日　那覇空港からゆいレールで奥武山公園へ。
　　　　ゼッケンピックアップ後、国際通りや近場で観光。
日曜日　マラソン当日　終わってからは打ち上げ!
月曜日　観光やドライブをして夕方の飛行機。

1泊2日でも那覇市内や近場なら十分楽しめますが、
せっかくなら翌日、少しはゆっくりしたい!

航空券+宿　60,000円くらい

リピーターが多いのが納得の大会ですよね!

旅コラム

NAHAマラソンは、那覇市とハワイのホノルル市が姉妹都市締結25周年を記念してスタートした大会で、40年以上の歴史があります。

日本陸連公認コースで、今では3万人ほどのランナーが出走する国内有数の都市型マラソンの先駆者的な大会です。毎年、スターターは沖縄出身の著名人なことも楽しみのひとつ。スタート地点を盛り上げています。

那覇市を拠点に、南風原町、八重瀬町、糸満市、豊見城市と、本島南部5市町を巡ります。前半は緩やかに上り基調で、後半は下りが多いコースです。景色がいいことはもちろん、沿道の温かい声援はランナーとの距離が近くに感じられます。

エイサーや、名物のバンド演奏、歌など沖縄らしい応援も励みになります。

私設エイドの多さにも驚かされます。黒糖やお塩、サーターアンダギー、泡盛(!)まで盛りだくさんです。

レース後も、「旅行に来た感」を存分に楽しめるのがいいところ。打ち上げでは、沖縄料理を堪能できるし(私はスーパーで沖縄食材 を買って帰るのも楽しみのひとつです)、翌日は、レンタカーで少し足を伸ばせば美しい海と自然。リピーターが多いのが納得の大会です。また行きたいなあ……。

鼻先に、にんじんを下げて走る？
ご褒美作戦の巻

あこたコラム④

好き好んで走っているのだから本来なら、ご褒美なんていらないのかもしれない。でも、頑張ったと思う瞬間はある。目標のために食事をコントロールしたり、ちょっとした我慢としたあとには、自分を褒めたくなりますよね。（笑）「この瞬間のために走っている」と完走後にビールを美味しそうに飲むランナー仲間をよく見るけれど、きっとこれぞ至福の時間。

私も、「終わったらケーキビュッフェに行くんだ！」と、その日を楽しみに練習と本番を頑張り、意気込んでお店に行ったときのこと。

制限しているときには余計、食べたくなるくせに、少しの間、お菓子から遠ざかっていたこともあってか、食べてないこと慣れていて、まさかの2個でギブアップ。朝ご飯も食べないで来たのに。10個は完食するつもりで来たのに。隣の席にいた女性客は一個を三口ほどで、次々と平らげていて、それを見ていただけで、胸焼けしてしまいました。

「どうした私。いつもなら、もっと食べられるじゃないか！これなら元（ケーキビュッフェ代）もとれてないじゃない！」と食い意地が発揮されないまま、不完全燃焼で帰宅することになったのでした。

人生で最初で最後の（になるはずだった）フルマラソンでは、完走の記念に何か形に残るものを買おうとも決めていました。

ホノルルマラソンだったので、ハワイに来ただけで十分、ご褒美だったのですが、当時、ジュエリーなんぞひとつも持っていなかった私は、ペンダントを自分へプレゼントしました。気に入ったデザインで、しかも身に付けているとラッキーなことが起きるので（そうジンクスを信じることも必要！　笑）今でも特別に大切なものです。

その、人生で一度きりのフルマラソンだったはずが、どうしてこう今も続いているのか？それは、最初の宣言通り、走らない暮らしをしていた数ヶ月後のことです。突如、見慣れない国際郵便が届きました。

ホノルルマラソン事務局からの封書でした。「はて?早くも来年の案内かしら。でも、もうフルマラソンは走らないよ」と思いながら開封すると、英語の文章。ほとんどわからなくて情けないけれど、調べながら読み進めると、何となく、どうやら年代別の　位に入っていたようなのです。

「すごいじゃないの私!」と小躍りして喜んだのですが、念のため、英語が堪能の友人に文面を見てもらうことにしました。ああ、やっぱり間違っていた。5位じゃなくて、上位5パーセントでした。「なんだ喜びすぎか」それでも十分、満足できるものでした。

文書のほかには、ゴール時にもらった完走メダルとは別に、大会のロゴが入ったブローチが同封されていました。これで、すっかり走る気にさせられたのです

ここ数年は記念に何か買うということは、なくなったのですが、走るモチベーションを上げるために先にランニンググッズを新調することが多くなったような気がします。新しいアイテムは気分を上げてくれますよね。

まあ買ったからにはちゃんと走らねば……という気持ちにもさせてくれるというのも一理ありなのですが……。

旅ランのときには、もっぱら会場に近いビジネスホテルに泊まることが多く、随分と旅慣れしました。全国の店舗で使える会員カードも作ったほど。一般より早めに予約できるので、旅ランにはありがたい。(レースには当選したのに。航空券や宿を押さえるのが、けっこう大変だったりしますよね?)。ビジネスホテルを使い慣れてきたものの、たまには素敵な宿に宿泊したい!

「そうだ、これもご褒美にしよう」

初ウルトラマラソン完走のときに、普段なら行かない(行けない)、☆印がたくさんのお宿に泊まることにしました。

浴衣でしっとりと……と想像していたのに、最大級の筋肉痛で、手すりなしでは歩けない。ちょっとした階段も這ってじゃないと上がれず、なんとも情けない姿。こんな緊急事態に中居さんとバッタリ。しどろもどろに「ここで開催されていたマラソンに出たところでして、筋肉痛が……えへへ」と弁解してみたところ、優しく声を掛けていただいたが、さぞかし笑える姿だっただろうなぁ…。

ご褒美につられて……というのもありますが、なんだかんだ言っても、走るのが好きだから続いているのだなと、つくづく思うのでした。

中国

負けてたまるか!

北京国際マラソン

毎年、何らかのトラブルにあっているけど、負けじ魂で何度でも行ってしまう北京の魅力
今回もまた……。
東京マラソンが始まる数年前に3万5千人の市民ランナーが参加するようになった。
「天安門広場」
天安門前広場スタートでオリンピックスタジアムがゴール
通称「鳥の巣スタジアム」の隣がゴール
1986年児玉泰介※が2時間7分の日本最高(当時)を作るなど、高速コース
FINISH
2005年トップ選手が誘導ミスで800mショートカット
こちら
STAFF
?
ハァ
ゼェ
北京ではいろいろ体験あり
プレスとして走って記事にしたいと申し込んだ
P.C

児玉泰介　鹿児島県薩摩川内市生まれ、旭化成にて実業団選手として活躍。愛知製鋼陸上部監督

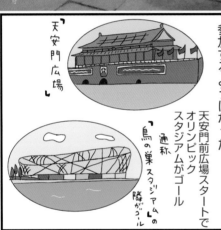

走ればキレイになると言われ、信じて走っていたけど、今では女を捨ててゴールを目指している。

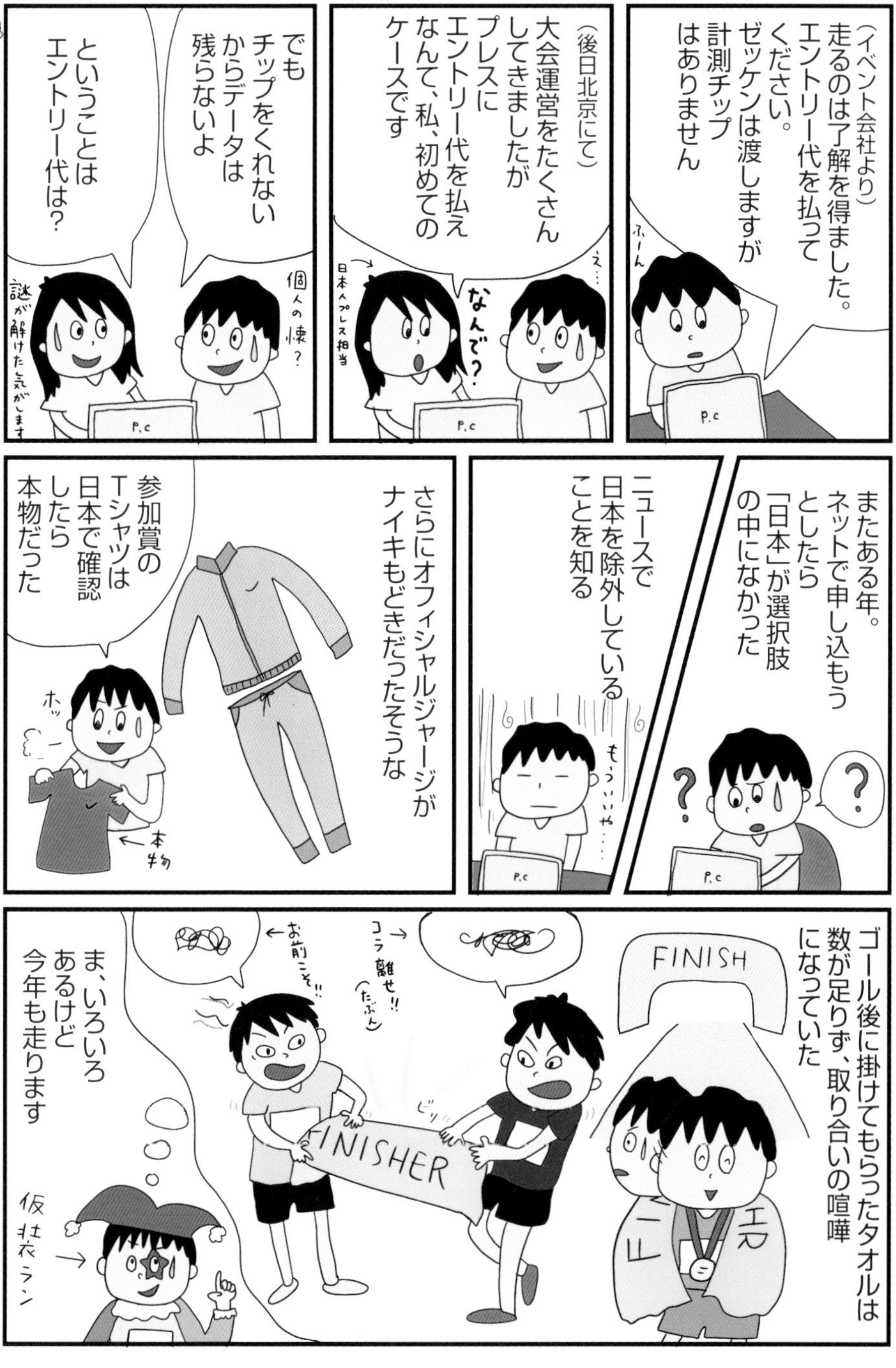

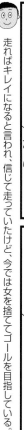

スタート地点で荷物を預けようと思ったら思い出した
もわ
もわ
ゼッケンで指定されたところに預けた
荷物 預け
!!
?
3
ゴールで荷物はゼッケン順に並べられていたけど自分の荷物はなかった
荷物受け取り
NO
3
STAFF
もし出てきたら連絡をもらおう
えーっと電話番号は……
そんな暇はありません!!
STAFF
そんな
預けたのは着替のみ幸い貴重品は持って走っていました
これで地下鉄乗れる…
しかしこの格好で帰る人はいないなあ
は、恥ずかしいぞ…
寒くなってきた
そんな記憶が蘇る今回、また荷物がなくなったら仮装でバスに乗るはめになる
くらくら…
荷物は無事だった

スタートは100万人収容できるという天安門前広場
中華人民共和国万岁
世界人民大团结万岁
3万5千人がスタート
仮装ランは珍しく視線を釘付け
アハハ
えっ私?
はて?
HAHA
アハハ
北京では「ピエロ」は知られていなく単に面白いととにかく応援をもらえた
ジャーヨー
ジャーヨー
はいはーい♥
チャーヨー?
ジャーヨー
ジャーヨ～
こんなに声援を受けて走ったのはランナー人生はじめてかも
ひと言北京語講座
加油《ジャーヨー》
〃がんばれ
油を加えて燃えろ!という気持ちだね
フム
フム
FINI
この人ずっと追いかけて応援してくれている
北京最高!

戦いはこれで終わりではなかった
ありがとう
お疲れさま
荷物、あるかな
あるかな?
ざわ
78538
78520
78212
78333
78000
わい
ざわ
並んで荷物を受け取る習慣はないみたい
行くしかなーい
えーい
ダッ
78615
78998
78154
78111
はいはい
今が一番体力を使っていると思う
助けてくれー
ぎゅう
ぎゅう
いてっ
ドサッ
わいわい
あった
毎回、何か起こるけど北京には友だちもできて毎年会うのを楽しみにまた来年も行こうかな
ありがとリーさん!!

大会名　北京国際マラソン　開催日　10月第3日曜日

大会事務局　http://www.beijing-marathon.com/en/

国　中国

スケジュール　5泊　4日

金曜日日本出発、3時間で北京空港到着
土曜日はゼッケンピックアップなど
日曜日はレース。スタート地点は天安門前広場
日曜日、朝8時半スタート。100万人収容できる広場で
3万5千人がスタート!スケールがすごい!
月曜日は観光。早朝に八達嶺（万里の長城）、午後から故宮など。
火曜日、早朝の便で日本へ。

120,000円〜（飛行機代、ホテル、移動費など）

ホテルは沢山あるので迷うところだが、三ツ星以上のクラスを選びたい。日本語対応でなかったらもと安く泊まれる。漢字で筆談となる。

ゴールデンオータム　1年で1番いい季節だ

旅コラム

1981年に誕生した北京マラソン。世界のトップ選手と中国各省から選ばれた選手で開始された。今では3万5千人が参加する大会となった。ワールドアスレティックス※のゴールドラベルロードレースにもなっている。日本からも近い外国なのでお勧めだ。

2000年市民ランナーに解放されたので早速参加した。広大な天安門前。仮説トイレが1か所もなかった。広場の地下には多数のトイレがあるらしいが解放されていない。沿道では公衆トイレを見かけるが有料だ。（翌年からはちゃんと設置されていたのでひと安心）。

コースは基本的にフラットで走りやすいが、年によっては警備上から高架を走ったりトンネルを走ったりと変化のあるときもあった。

全人代※が開かれるからと突然スタート場所の変更ということもあった。何が起きても驚かないことが大切かな。

観光でまずは万里の長城。全長6000キロ（本当は2万キロ以上とか）もあるけど北京から近いのは八達嶺。早朝徳勝門からバスが出ている。電車もあるけど本数が少ない。人数がまとまればタクシーがお勧め。

北京市内から北へ60キロの八達嶺

帰りは天安門で降ろしてもらって紫禁城に入る。疲れたら天安門の南にある前門で休憩。ビールは冷えていないので氷をどぶ付けにしてもらってそこで冷やして飲む。

明の時代から続く歴史的な商業地でのんびりするのが好きだったけど北京オリンピックできれいになった。昔が懐かしい。

ワールドアスティックス（英: World Athletics）
陸上競技の国際競技連盟。世界陸連。2019年に国際陸上競技連盟（IAAF）から名称が変更された。

全人代
全国人民代表大会のこと。天安門前広場の西側にある人民大会堂で開催される。日本では国会に当たる。毎年10月には開催されているが前々からこのことはわかっていたのだろうから、いきなりコースを変えないでほしいと思ったのはボクだけなんだろうか。

ラン旅に病んで夢は枯野を　かけ廻る

ヨシキコラム⑤

エッセイに描き切れなかった大会を通しての出会いをここで紹介したいなと思う。

まず、アメリカ。

「大会はいつでもどこにでもある」。ランニングが文化として日常生活の中に溶け込んでいるからだろう。

ミネアポリスに友人の結婚式に呼ばれた。式は日曜日。そこで土曜日の大会をネットで探した。付近で数か所見つけた中の一つをチョイスして参加。街にある小児がん病院を支援する大会だった。

5000人以上と思われる参加者の多くは若者とファミリー。スタート地点より後ろの方が混みあっているという経験のないスタートだった。

距離は5キロ。ボクは日本人1位（他に日本人はいなかった）。

ミネソタのチャリティレース
ベビーカー参加者多数
スタート附近より後方が混んでいた

アリゾナ州フェニックスへ行ったときも土日の大会両方に参加。そのひとつ、エアフォースランというのは世界30数か国同時スタートで優勝者は翌年の各国で開催される好きなレースに招待されるという。ボクは優勝はできなかったけどね。

ロスでは保安官レースに出た。交通安全がテーマだけど、やたらと白バイの警備が厳しかった。完走メダルは保安官バッチ。

完走メダルの保安官
バッジはうれしかった

韓国の大会はソウルマラソン以外にも数多く参加した。早い遅いは別として皆が勝負勝負！という感じで熱かった。

交差点では通行止めを怒っているドライバーと警官とのやり取りを眺めながら「すみません」と思って走ったよ。

仁川から船で4時間。ペンニョン島でのレース。海兵隊の基地があり、のどかな風景と緊迫した雰囲気の中で走った。日本人が来たので歓迎され「この大会も国際的になってきました」とアナウンス。特別賞として海産物山盛りいただいた。

ハーフに参加したけど、記録は63分。間違いなく年代別世界記録だ。もちろん計測ミス。

仁川で思い出すのは、仁川大橋開通記念大会。前の晩飲み過ぎて二日酔いで参加。10月、橋の上は日影がなく暑い。フルに参加したことを後悔したけど（飲みすぎではなく）、橋の上では引き返せない。やっとの思いでゴール。医療テントで点滴を要望するが点滴の韓国語がわからない。最後は胃薬を渡された。ありがとう。

光州近くのソムジンガン大会。日本人が来ているということで開会式で挨拶をしれくれとのこと。片言の韓国語を駆使して挨拶した。最後に「コマッタンケ」と叫んだところ、4000人の会場ば大爆笑。「ありがとう」の方言ということは知っていたがまさかこの地方の方言とは知らなかった。いきなり方言が日本人から出たので大爆笑だった。おかげさまでゴール後はマッコリの乾杯攻撃を心行くまで楽しんだ。

アフリカへも毎年のように走りに行ったことがある。

セイシェルでの出来事。日本から来たというと急にフレンドリーになる。「俺の携帯、見てくれ。ソニーだ。コマツもヤンマーも知っている（何故急にコマツなどになるかはわからないけど）」と褒めてくれた。

レンタカーを借りに行ったら「君たちには先ほど入ったホンダを貸そう」といって韓国製のヒョンデ（Hだ！）を貸してくれた。おまけに、「最後、空港に置いといてくれ。カギを閉じ込めてくれたら、あとで自分が合鍵で開けて回収するから大丈夫」と。

え、え、え……だって地球の裏側に帰るんだよ……。

ここでかつて汗を流した日本人の目に見えない偉業に感謝した。

ホンダはH、韓国のヒョンデ（現代）もH。

日本から比較的近くて時差も少ないのはアジアだ。カンボジアのアンコールワットマラソン。

ここはかつてポルポト大統領が大虐殺をした国。地雷除去はまだ終わっていないそうだ。

アンコールワットの遺跡入口から遺跡が朝日に照らし出される5時がスタート。最長距離がハーフなので7時にはゴールできる。一度ホテルに戻って朝食を食べちょっとくつろいだら遺跡の観光へ出発。

ゆっくりと遺跡巡りがしたいがお土産も買わないと。「日本人は忙しいね」とガイドさんに言われてしまった。

アジア各国に大会はたくさんある。その中、ネパールには5日間かけてエベレストの中腹まで上り、そこから一気に42キロ下るというエベレスト山マラソンがある。行ってみたいレースだ。

アンコールワットマラソン
アンコールトム遺跡の中を通り過ぎるとゴールは近い

オーストラリアでは毎年7月に開催されるゴールドコーストマラソン。時差は1時間。ずっと海岸線を走るので景色は最高だ。

ラン旅に病んで夢は枯野を
かけ廻る

スウェーデン

中世アート建築の中を走る

ストックホルムマラソン

日本人で初めてオリンピックに出場した金栗四三の特集をテレビで見ていたら……
ふーん…
いだてんか
1912年
明治45年ストックホルムオリンピック
金栗は途中、熱中症にて倒れ
近くの農民に助けられる
おい!!
大丈夫?
翌日
意識が戻ったのは翌日
?
は。
今なんじ
だからゴールはできなかった
競技中に失踪し方向不明として扱われていた
時は流れ…
1967年
ストックホルムオリンピック55周年式典に金栗は招待される。このとき76歳
おや?
紹待状

韋駄天
いだてん

鬼神がお釈迦様がなくなったときそのお骨（仏舎利）を奪って逃げた。
韋駄天は135万km離れたある山の山頂で追いつき取り戻した。ランナーの神様だ。

オリンピック当時、棄権の意志が確認されていなく、金栗は再びゴールを目指すことになった。式典中大観衆が見守るなか、ゴール！
記録は56年8カ月と6日5時間32分03秒
FINISH
これをもってストックホルムオリンピックの全日程を終了します
なんて粋な計らいなんだ！
足跡を追ってみたい
じーん…
ヨシキ、本でも調べた
本当にきちゃった
日本っぽくハッピとひょっとこの仮装した！
ストックホルムスタジオン
START
110年前の建物が今も使われています
ゴール
気温18℃
曇り時々雨
参加者およそ1万3千人
またここに戻ってくるよ
Yoshik

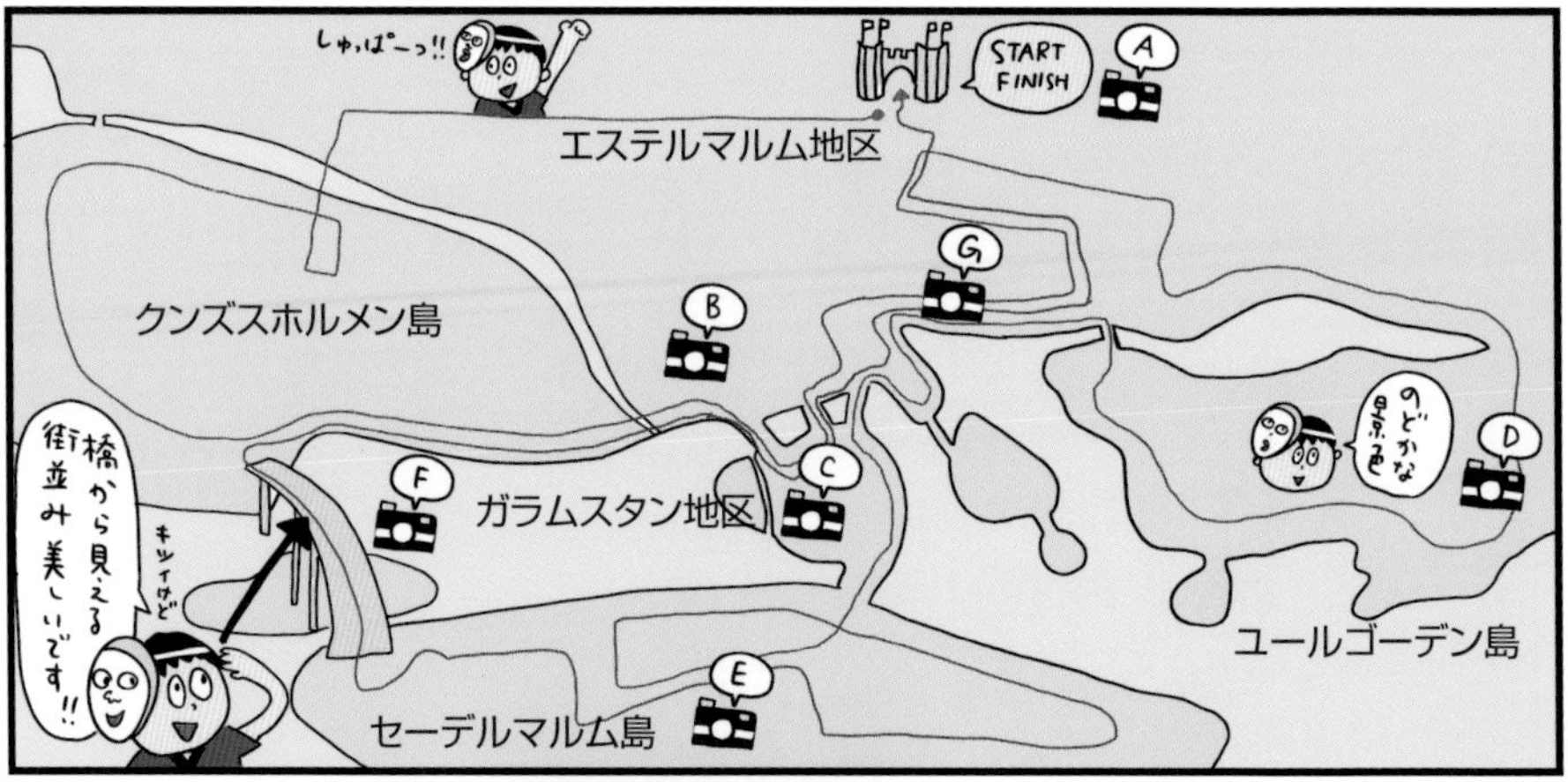
しゅっぱーっ!!
START
FINISH
A
エステルマルム地区
G
B
クンズスホルメン島
のどかな景色
D
橋から見える街並み美しいです!!
キツイけど
F
C
ガラムスタン地区
ユールゴーデン島
E
セーデルマルム島

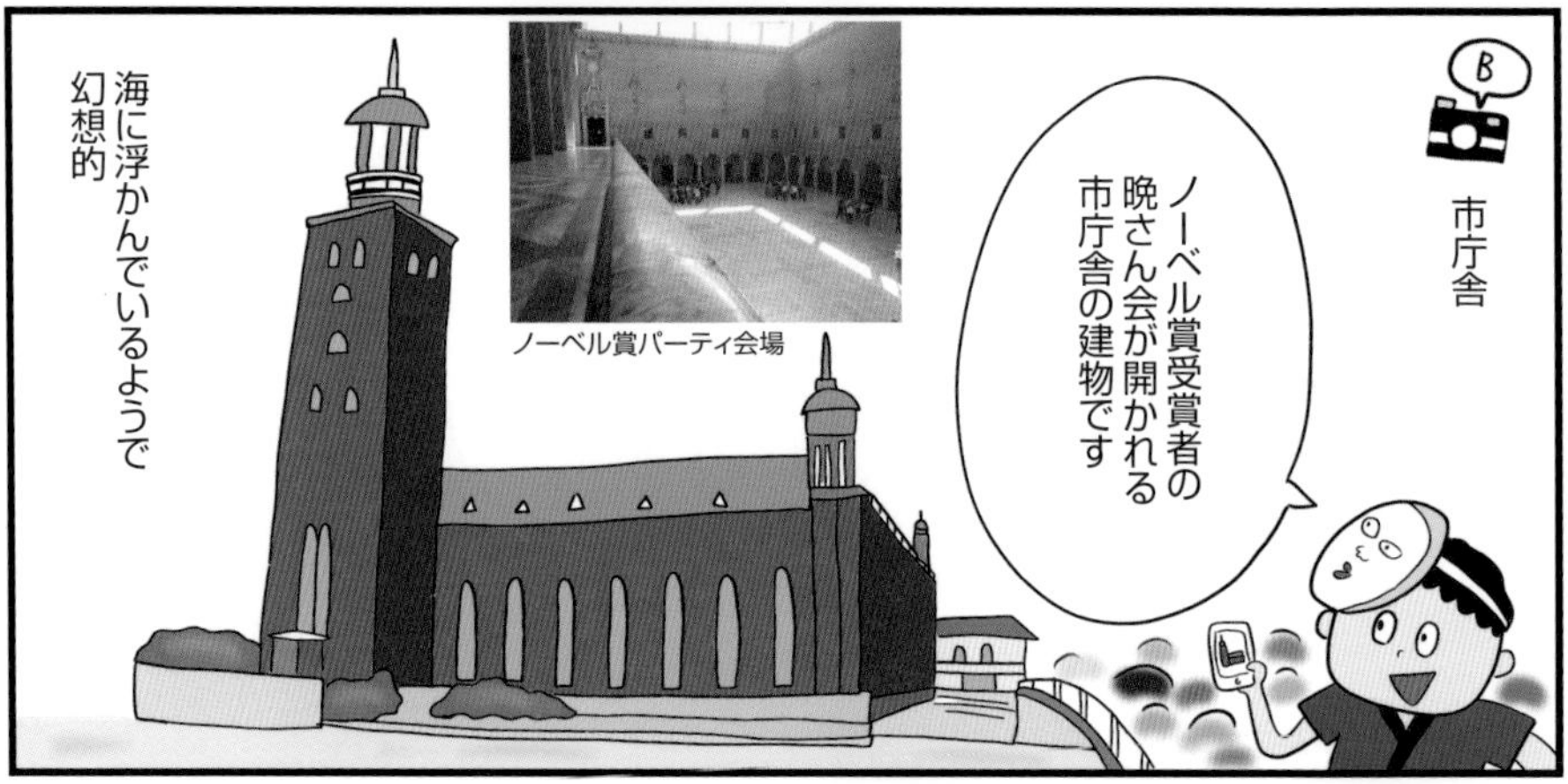
B
市庁舎
ノーベル賞受賞者の晩さん会が開かれる市庁舎の建物です
海に浮かんでいるようで幻想的
ノーベル賞パーティ会場

黄金に光っている市庁舎内の見学もできます
舞踏会会場
ピカピカじゃー

C
旧市街ガムラ・スタン地区
リッダーホルム教会

市庁舎　1923年完成。ノーベル賞受賞者の晩さん会会場の青の間とパーティ会場になる黄金の間が有名

リッダーホルム教会　13世紀に建てられた修道院を改築。17世紀以降歴代の王族が埋葬されている

D
ユールゴーデン地区
のどかな風景が
広がっています
ピクニックがてら
応援してくれている
みんなおしゃれだね
ありがとー
王宮
ここも13世紀の建物
大きーい
F
街並みがとにかく美しい
何か
見たこと
あるような…
はて
ジブリ映画の
モデルになったと
言われている街並

ランナーが認知症になって徘徊。探す家族は一苦労だ。

●仮装ランナーは見渡す限りヨシキ一人。沿道の声援で多かったのは、①ありがとう。②こんにちは、そして③に、サムライだった。アニメの影響かな?

F
再び市内の中心部へ
何度か通る場所があるので写真撮り忘れもチャンスありだね
G
ひときわ応援が多い38キロ地点
三度目
汗と雨でハッピがずっしり重い!
こ、こんなはずでは…
サムライ!
は〜い
コンニチワ
知っている日本語での応援がうれしいな♡
再びスタジアムへ
この中がゴールだ
戻ってきたぞ
金栗さんヨシキも戻りましたこの景色最高ですね!
FINISH

大会名　**ストックホルムマラソン**　開催日　**6月第1日曜日**

大会事務局　https://www.stockholmmarathon.se/eng/

国　スウェーデン

スケジュール　7泊　6日

金曜日午前日本をを出発。午後にヘルシンキ経由で
　ストックホルム到着
土曜日はゼッケンピックアップなど。旧市街へはこの日に観光。
日曜日はレース。スタート地点のスタジアムへは徒歩で移動
日曜日、12時スタート。
月曜日は観光。市街地は大きくないので徒歩で歩き回った。
　夕方、大型客船でヘルシンキへ出発。夜は船内でショーを楽しむ。
火曜日早朝ヘルシンキ到着。フィンランドサウナへ。
水曜日夕方ヘルシンキ発。翌日朝日本到着。

200,000円〜（飛行機代、ホテル、移動費など）

宿泊は全て民泊にした

フルマラソンのみだよ

旅コラム

1912年に作られたスタジアムがスタートゴール。ここに近い場所に民泊し、そこを拠点にした。

気温は18度と少し高いが時折降る小雨がここちいい。ハッピが水分を吸って重くなったことを除けば。

北欧の古い建築物を縫うように周回するコースは飽きることがないし、比較的フラットだ。

右手に携帯、左手にスウェーデン国旗でゴール

行きは飛行機でヘルシンキ乗り換え。帰りは客船を楽しもうと1泊の船旅をしてヘルシンキへ。部屋はムーミンの部屋をリクエスト。

夜は食事の後、ドリンクを片手に様々なショーを見学。そのうちに見ている人たちも舞台で踊りだし笑顔と笑い声で夜が更けていった。

船以外の宿泊は全て民泊。ホストのおばちゃんはフレンドリーな人で英語の上手くないボクに色々話してくれたし、朝はおいしい珈琲を出してくれた。

スタート地点に近かったので仮装で走ると言ったら応援にも来てくれた。

← ヘルシンキ行きの客船

客室 → ムーミンの部屋

↑ヘルシンキの港

まだ昼間と思って気が付いたら夜の9時。近くのスーパーの閉店時間だ。慌てて食料を買いに行ったことがある。

何しろ、9時はまだ明るいのだ。12時には暗くなるが薄ら明かりが残っている。3時になると夜が明けてくる。白夜に近い。

冬はこの逆になる。1日中ほぼ夜なんて、想像も付かない。

故障の遊園地

故障のデパートとか総合商社では暗くなりそうなので遊園地にしてみた

ヨシキコラム⑥

走り始めて、走れるようになって、走るのが楽しくなって。どんどん距離が踏めるようになってぶつかった問題。

それは故障だ！

最初の故障は「足底筋膜炎」。足の裏の筋膜が炎症を起こした。NYの初マラソンの後のこと。NYでドラッグストアに行って、消炎剤が言えず、「マイ・レッグ・イズ・ペイン」と言ったら絆創膏が出てきた。仕方なく買ったけどね。ずっと筋肉痛と思っていたのだから故障に関して全くの無知だった。

次に経験したのは膝の関節附近の炎症。これはある程度膝まわりに筋力がついてくると走りに耐えられるようになり治った。

それから、骨盤付が痛み出し、腰痛にも悩まされた。

反省すべき点はひとつ。ケアを怠っていたということ。これにつきると思う。

練習後ストレッチをする時間があれば、その時間走りたいなんて思っていた。

ふくらはぎの肉離れは2度経験した。幸い軽かったけど、何でもない時に起こった。1回目は近くの公園を走っているとき。「あれ何か変だな」と思い、歩いて帰宅。足が冷えてきたら動かすこともできないほどの痛みが発生。2回目は北京マラソンの前日、階段を歩いて降りたときのこと。やってしまった。

疲労の蓄積とケア不足が理由だと思う。

鍼灸院へ行ったら、離れたところが固まるとその周辺が弱くなるというので固まらないようにもみほぐされた。それが肉離れより痛かった。

最後に待っていた大きな故障は恥骨結合炎から始まり、痛みが下脚の内転筋（内またの筋肉）へ伝わり、脚が突っ張ってしまって、とうとう走れなくなってしまった。

ほぼ2年間まともに走れない時期が続いた。鍼灸に通い9割よくなっても走ると元に戻るということが続いた。

ある治療院へ行ったら、「ヨシキさん、内転筋が固いけど、それは大きな大腿四頭筋が固いからそれに引っ張られているからだよ。まずはそこをほぐしましょう」と。

　筋肉はみんな連携しているのだということを改めて認識した。

　ランナーで腰痛に苦しむ人は多い。かつてはヨシキもその一人だった。ディスクワークの後、立ち上がったら固まってしまって動けない。歩行困難という状態が続いた。

　今では腰痛は全くない。その秘訣をここで伝授しようと思う。

　辛そうに歩くヨシキを見ていた吉田香織※から誘いを受けた。
「ヨシキさん、100mを3本走るというランニング教室があるけど行ってみませんか。その後ジョギングでもしましょうかね」と。

　というわけで代々木公園にあるグランドへ。行ってみたら100mを3本ではなく30本走るということだった。ここまで来たからには後に引けない。翌日から腰痛で寝込むことを覚悟でメニューをこなすことにした。

　100m走って100mジョグ。これを30回繰り返すのだ。心臓が飛び出すのではないかと思うくらいヒーヒーハーハー。

　終わったからおまけで400mを2本。

　翌朝、筋肉痛はあるものの立ち上がれた。歩けた。夜には走った。

　実に不思議なことだ。ということで、毎週、短距離インターバルトレーニング※を繰り返すこと3カ月。ついに腰痛から解放されたのだ。

　振り返って思うに、可動域が広がったこと、それに対応する筋力が新たに追加ことがその理由かと思われる。

　腰痛を直す秘訣をみんな聞きたがるけど、ボクがこのことを話ても残念なことに実行した人は一人だけ。もちろんその人は改善したぜ。

　故障はいっぱいしたけど、上には上がいる。かつてアテネパラリンピック・マラソンの金メダリスト、高橋勇市選手のことを話そう。

　全盲の彼はシドニーパラリンピックの選考レースで疲労骨折。その2週間後の那覇マラソン出場。痛み止めを打っての出場。途中全く走れなくなる。

　伴走者が救急隊員だったことが幸いした。脚を伴走用ロープで固定して背負って病院へ。入院3ヵ月。退院するとレースへ。松葉杖と白い杖の両方を持って5キロのレースに参加した。

　アテネのときも痛み止めの注射を打って出場。栄光の影には人知れない努力と苦しみがあるのだ。故障のディズニーランドだ（関係者の方ごめんなさい）！

　月並みな結論だけど日頃ケアが大切だね。

吉田香織
川越女子高を卒業後7年間の実業団生活を経てクラブチームで活動。北海道マラソン優勝2回、埼玉国際マラソン2位（日本人1位）。50㎞の日本記録ホルダー。

※インターバルトレーニング　速いスピードで走った後ゆっくりとしたジョグを行うということを来り返す方法。1952年ヘルシンキオリンピックで5000、10000、マラソンで優勝したザトペックが始めたと言われている

TOKYO MARATHON
東京メトロ

東京都

今や世界のビッグレースに

東京マラソン

今ではMGCのひとつでもある東京マラソン2007年に第1回大会が開催されてから「マラソンブームの火付け役」となった大会でもある
まさかの大雨
スタート地点で待っていた30分でずぶ濡れ…
ガタ
ガタ
ザー
走る前からシューズも水びたし…
おー
わーっ
水を含んだ花吹雪が舞う中をスタートカラダは冷え切っていたけど熱気は確かだった
スタート5分前でーす
第1回大会なつかしいなあ…
大雨だった

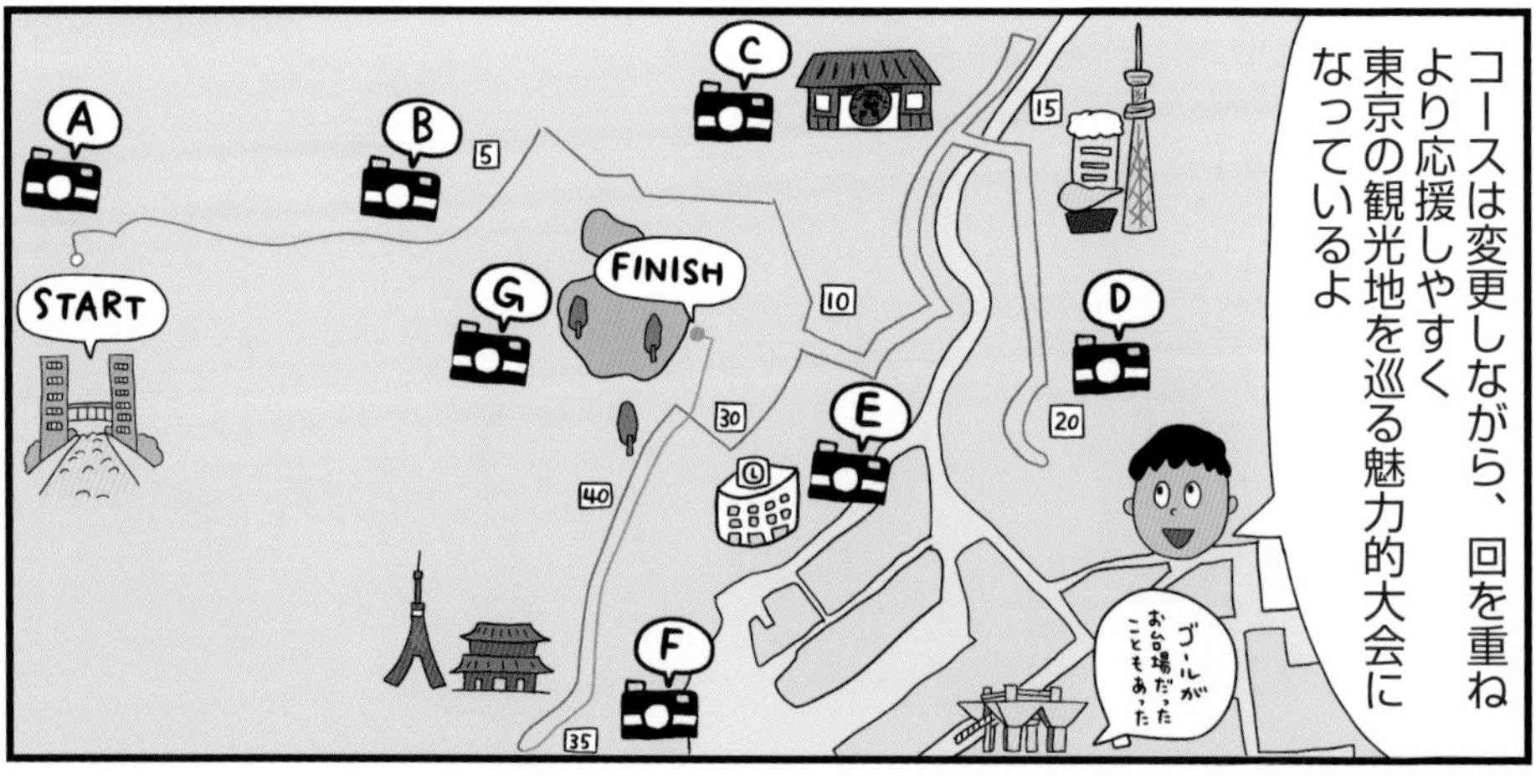
コースは変更しながら、回を重ねより応援しやすく東京の観光地を巡る魅力的大会になっているよ
A
B
C
D
E
F
G
START
FINISH
5
10
15
20
30
35
40
ゴールがお台場だったこともあった

MGC　マラソングランドチャンピオンシップの略。日本陸連が主催するオリンピックマラソン日本代表選考会

A
都庁前スタート
カメラや報道陣の数も日本一の大会だと思う
START
START
START
国際大会なので世界からの有力選手が集まっている自分も一流選手の気分になってきた
紙吹雪がすごーい!
ひら
ひら
ひら
楽しむぞーっ!!
新宿の大ガードをくぐる
軽い下り坂になっているのでかなり前のランナーが見える
こんなにもたくさんの人が走っているのか!改めて思う
ガタン
ゴトン
ワー
ドドドー
ワー
B
防衛省前音楽隊の応援
防衛省
カッコイイ
ぼくファンなんです
外堀通り
足取りは軽やかに感じられるが油断は禁物
下りが続いているのだ
慌てずに進もう
なんかスイスイ進むなー
気をつけようっ!!

「ランナー用語辞典」　エイドとはエネルギー補給や給水サービスのことをいう。ランナーにはありがたい

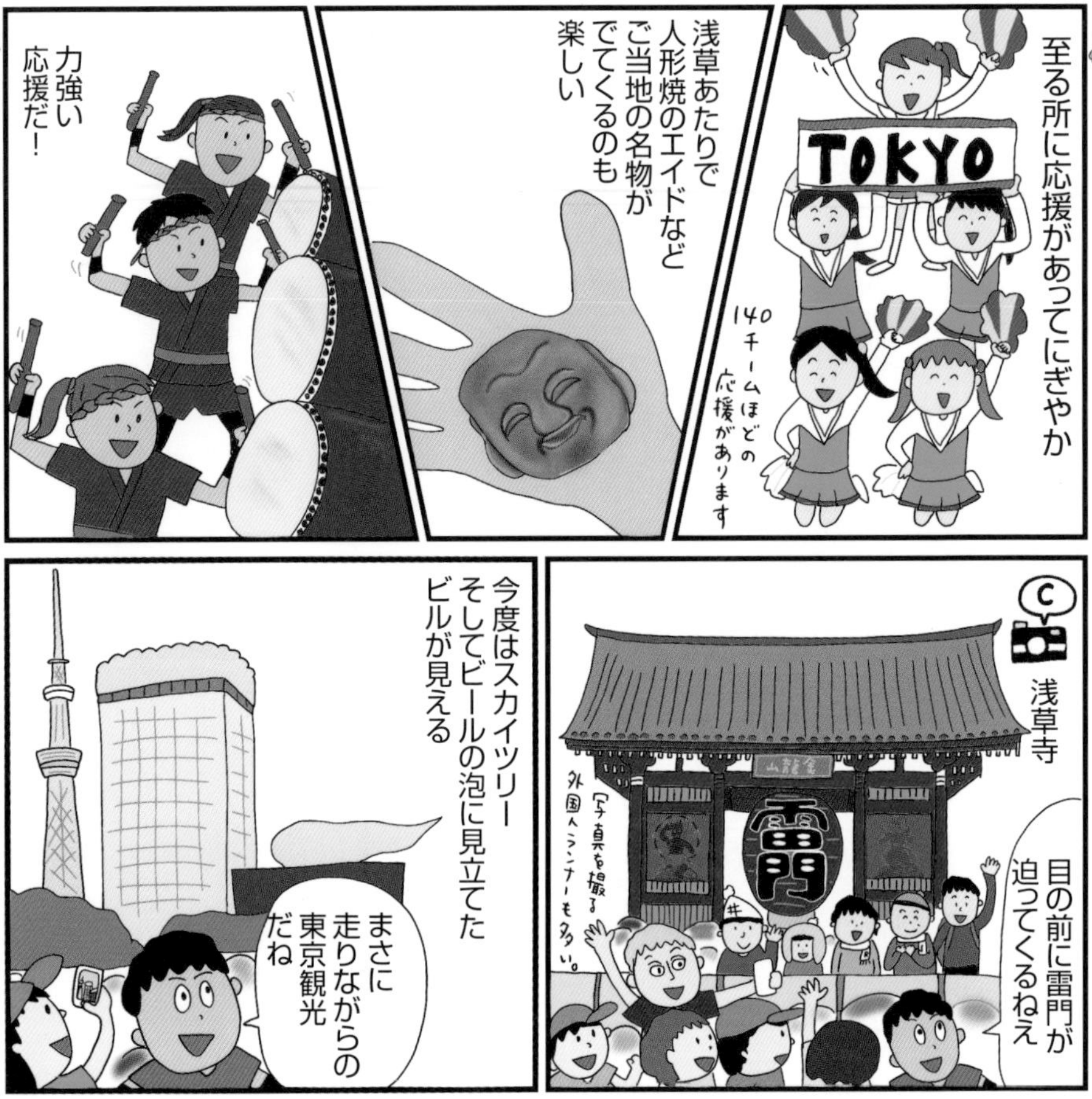

応援でランナー友だちを見つけるのは至難の技。ところがGPSをつけてランナーは走っているので場所がわかるからスマホでランナーを見つけられるよ

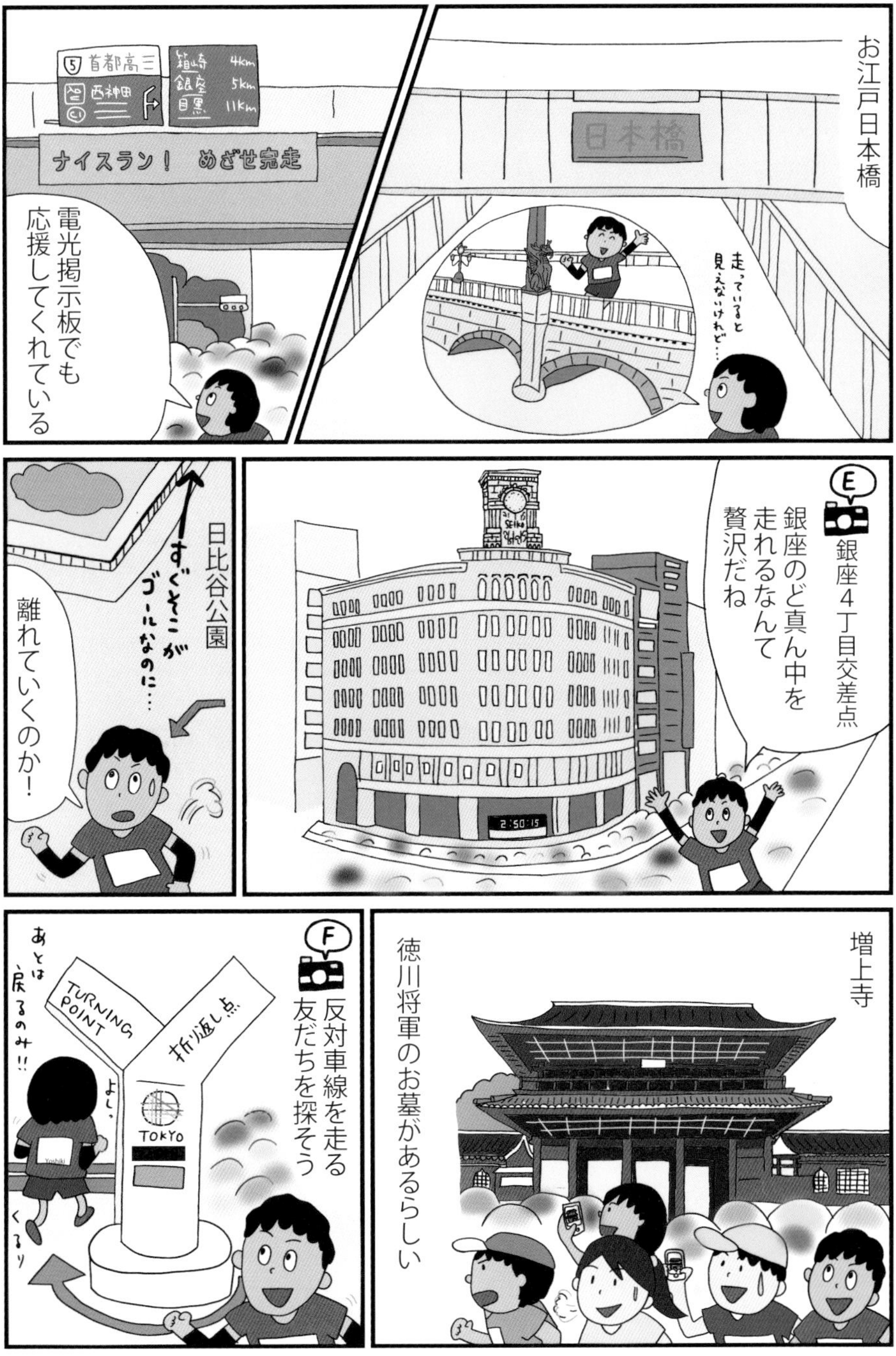
日本橋
お江戸日本橋
走っていると
見えないけれど…
首都高三
西神田
箱崎 4km
銀座 5km
目黒 11km
ナイスラン！ めざせ完走
電光掲示板でも応援してくれている
E
銀座4丁目交差点
銀座のど真ん中を走れるなんて贅沢だね
2:50:15
日比谷公園
すぐそこがゴールなのに…
離れていくのか！
増上寺
徳川将軍のお墓があるらしい
F
反対車線を走る友だちを探そう
折返し点
TURNING POINT
TOKYO
あとは戻るのみ!!
よしっ
くるり

東京タワーも目の前に見えます
日比谷公園まで戻って来たぞ!
丸の内仲通り
おしゃれなオフィス街だけど石畳の道だから気を付けてあとすこし!
最後の力!
いよいよ!ゴールが見えた
FINISH
FINISH
その先には皇居が待ってくれている
レンガ造り東京駅を背に
この一瞬はヒーローだ
どうしても走って見たかった大会だ
来年も抽選がんばろう

大会名　東京マラソン　開催日　2月第4日曜日

大会事務局　https://www.marathon.tokyo

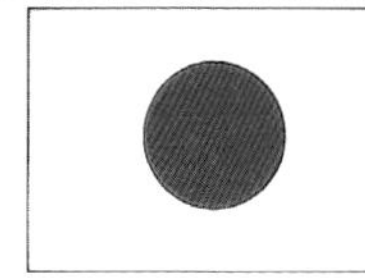

国　日本　東京

2泊　3日

土曜日　午前　新千歳空港発→羽田空港着（1時間30分）
バスでお台場へ。東京マラソンEXPO

日曜日　朝9時スタート。
月曜日　午前中から観光!夕方、羽田空港へ。

航空券+宿　50,000円くらい

今回は北海道から東京への行き方にしました。出発地はそれぞれですものねえ。

旅コラム

東京へのアクセスは、飛行機、新幹線、長距離バスなど様々ですよね。それぞれ羽田、成田、東京駅、新宿駅などに到着するにしても事前のランナー受付に行くには、まずお台場の会場に向かう必要があります。

個人的には、新橋駅からゆりかもめ線に乗って、レインボーブリッジや、お台場周辺の景色を眺めながら向かうのが観光をしているようで毎回わくわくします。エキスポ会場はランナーと一般来場を合わせると10万人以上になるそうで、マラソン関連の様々なブースがあり、お祭り会場に来た気分になります。

当日は、新宿の東京都庁前を大勢の報道陣や華やかな花吹雪とともにスタート。

「今日は足が軽いかも！」と思っていたら、序盤は緩やかな下り坂なので注意です。その後、真正面に現れる雷門やスカイツリーなど観光名所を眺めながら、中盤は小さな川が多く橋のアップダウンが続きます。

銀座４丁目の華やかな場所は応援も一際多い場所。ゴール近くの日比谷公園を横目に、後ろ髪引かれつつ品川方面へ南下です。

増上寺や東京タワーを右手に通過し最後の折り返しに、気持ちも軽くなっていきます。あとは帰るのみ！

再び今度は左手に東京タワーを眺めつつ、オフィス街の丸の内中通りに入ります。ここまで来るといよいよ。そして、東京駅を背にゴール。東京都民でもなかなか出走できませんが一度は走ってみたい大会のひとつです。

来年こそ！

東京マラソン物語

マラソンが日本でスポーツ文化として花開いた瞬間

ヨシキコラム⑦

東京という大都会のど真ん中を走れるマラソン大会ができたら、と夢見ていたのはニューヨークシティマラソンを走ってからのことだ。

ランナーとサポーターが一つとなって大会が盛り上がる。お祭りで神輿が繰り出しそれを見守る人たちと一つになる、そんな光景と似ていると思うのはボクだけではないはずだ。

大会は確かに競技としての位置づけはあるものの、ボクら市民ランナーにとっては順位はほとんど関係ない。いかに自分ベストを尽くせたのか、それのほうが大きな問題だ。

大都会の交通を、しかも主要な場所を通行止めにする、制限時間は7時間。第1回を走ったときはとても寒い日だったけど「この日が来たのか」と感動が寒さを吹きとばした。

銀座の中央通り浅草雷門前を3万人のランナーが駆け抜ける、その一人がボクだと興奮しながら走った。

それまでのマラソン大会の多くは制限時間が6時間だった。それを7時間にした意義は大きい。時速6キロ、つまり少し早歩きで歩けば、8時間で42キロに到達できる。7時間とは歩いては到達できないけど少し走る練習をすれば達成できる時間だ。

雷門前を回ると銀座方面へと一旦引き返す

この大会の前にいつくか都心を走る大会があった。東京国際マラソンと東京国際女子マラソン。これはエリートランナーの大会でテレビで中継された。

市民ランナーが参加できる大会は東京シティロードレース。日比谷公園がスタートで国立競技場がゴールの10キロのレースだった。障がい者とともには走るレースでボクも視覚障がい者や知的障がい者の伴走をした記憶がある。将来の東京マラソンを見据えた大会だった。

もう一つ忘れられないのは東京夢舞マラソン。これは交通ルールを守りながら42キロを走るというイベントだった。東京に大規模なマラソン大会をという思いが込められ、またそれが待ちきれないという思いで走った。

信号を守りながら、歩道の切り下げなどのアップダウンを走るというのはなかなかタフなことだった。それでもボクたち市民ランナーは走った。

都庁前のスタートの様子

東京マラソンのスタート地点には「韋駄天さん」が祀られている。場所は新宿ワシントンホテルの横。時間があればお参りしてから走ってはどうだろうか。

第1回大会は2007年。東京都庁前がスタートでゴールが東京ビッグサイトというのが最初のコースだったが、今はスタートは同じだけどゴールは東京駅を背にして皇居を見ながらというものだ。この瞬間日本人のみならず世界のランナーの憧れの大会となった。

　今やボストン、ロンドン、ベルリン、シカゴ、ニューヨークと並び世界6大マラソンの一つといわれるようになった。

　この大会がきっかけで走り始めた人は多いし、これを目指して走り始める人も多い。

ビックサイト前のゴールにて

　何が変わったのかというと、皇居の周りを走る人の多さだ。お昼休み、夕方の仕事終わり、そして休みの日。毎日大会が開かれているかのような賑わいだ。
　あまりの多さで逆走するのは危険ということで「反時計回りに走りましょう」「広がらないで走りましょう」といわれている。

東京マラソンをきっかけに日本の大都市で次々と大規模大会が開催されるようになった。

　大阪、神戸、京都……

　エリート大会だった福岡（2021年終了）や別府大分、札幌なども制限時間や持ちタイムが緩和され市民ランナーが参加しやすくなった。マラソンが競技という面だけではなく文化として根付いてきた証と思う。

　東京マラソンはニューヨークシティマラソンを見本として開催された。関係者がNYCマラソンを視察に行ったという。

　東京とNYは今や規模、ステータスも並ぶほどになった。世界の市民ランナーが東京に憧れ目指すようになった。

　で、東京とNYの違いは？

　それは、NYは民が始めた大会であり東京は官が主導して始めた大会という点だ。NYは市民ランナーが始めたのだ（NYのページを見て）。

　東京もNYも沿道での応援イベントは多数開かれている。


東京ではイベントをしようとするとまず事務局に届け出て許可を得て、時間と場所が決められてできる。NYは教会の前では聖歌隊がゴスペルソングを、沿道ではロックの演奏など自由で様々だ。

　そしていずれもランナーに向いて演奏してくれている。

　東京では音は聞こえるけど、どこ？　といった演奏場所が多い。ほとんどイベントをしている人たちが見えない。安全第一だからかな。

　NYは一応8時間という制限時間はあるけど「走る意思がある限りゴールは開けて待つ」という考えだ。筋無力症の人が48時間かけてゴールしたという話も聞く。その代わり映画「ゴーマン美智子物語」の撮影のため加山雄三がゴールしようとしたところ、市民から「ゴールを汚すな」と阻止したという話も聞いている。もちろん撮影許可を取ってのシーンだったのだけど。

　大好きな東京マラソンだからもっともっと市民と近くになってほしいなと思う。

ジャングルからジャングルへ走る

【番外編】

パプアニューギニア

パプアニューギニアラン

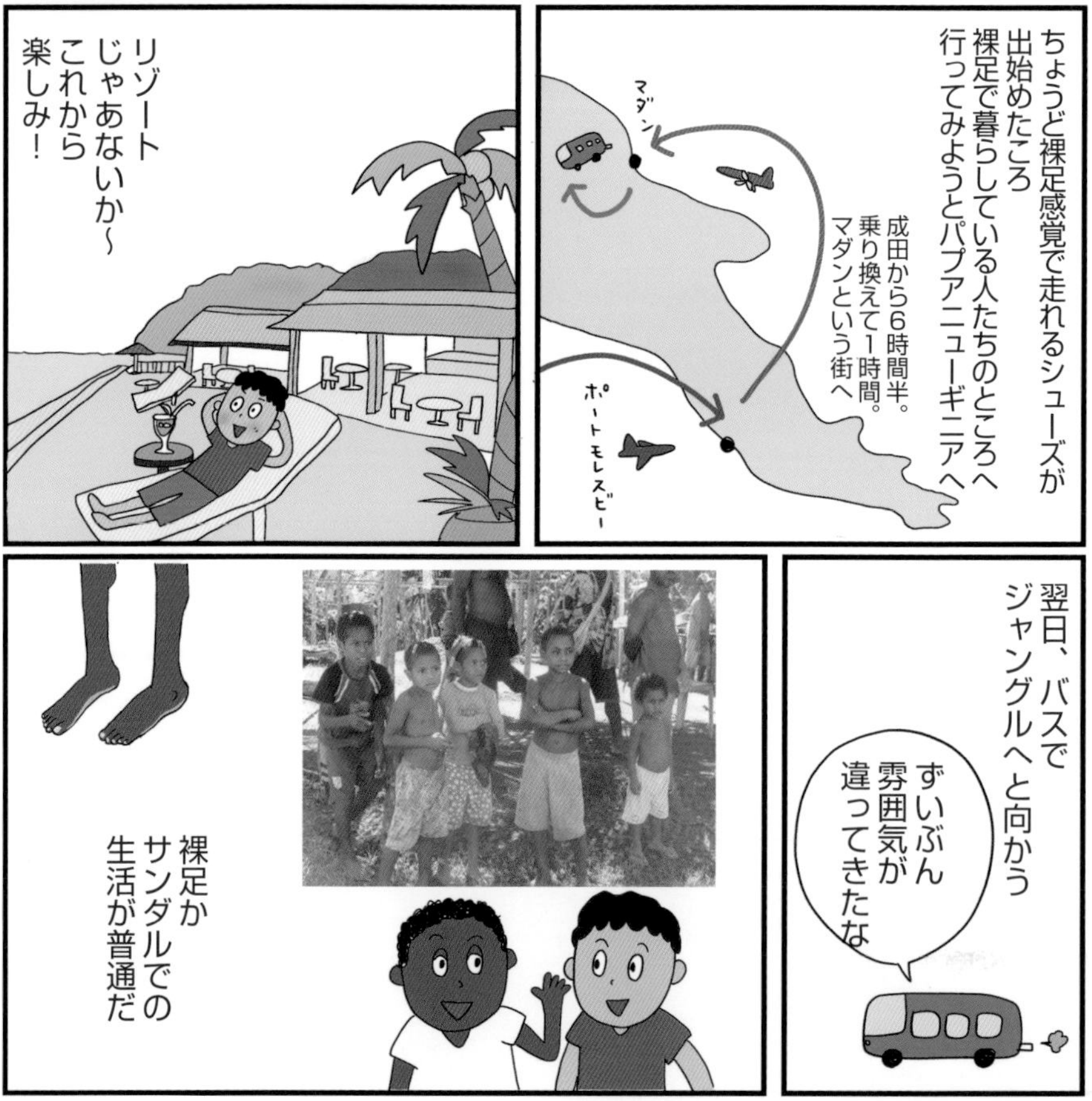
ちょうど裸足感覚で走れるシューズが出始めたころ
裸足で暮らしている人たちのところへ行ってみようとパプアニューギニアへ
成田から6時間半。乗り換えて1時間。マダンという街へ
マダン
ポートモレスビー
リゾートじゃあないか～これから楽しみ！
翌日、バスでジャングルへと向かう
ずいぶん雰囲気が違ってきたな
裸足かサンダルでの生活が普通だ

電気もガスも水道もない村
弥生時代に戻ったみたいだ
電気はないので夜は真っ暗
水は雨水をためるか、谷まで降りて汲むか
ガスの代わりはマキ
START
君たちも一緒に走ってくれるの
案内の大人たちだけでなく子どもたちも参加してジャングルランに出発！
Yoshiki
何だ走りやすいコースになっているじゃないか！
♪
ファ〜ン
わっ！ヘビ！
Yoshiki
楽しい〜
Yoshiki
意外と余裕だな・・・
え、降りるの
ダイジョウブ？
と思ったら、崖じゃあないか！
ひー
ズズー！！
ブチッ
こっちー
ああきれいな川だな
ふ〜・・・
Yoshiki

え、このまま渡るの！
流れが結構速いぞ
Yoshiki
ふう着いた
よいしょ…
ザブー
今度は登るのか
よいしょ…
休憩らしい
ぼくたちはジャングルの村から村へと移動した
ようこそ！
さあ出発しますよ
は、はい
よいしょ
そろそろのどが渇くころですよね
少し待っていてください
ココナッツの実
それっ
スィ
スィ
速い軽わざだ
刀のようなもので、ザクッと切ってくれた。
スポーツドリンクを薄めたような味だね

コースマップはないけど
村から村へとひたすら走った
ぐるっと
ひと回りしたんだ
丸太の橋
落ちたら
どうしよう！
YOSHIKI
あのジャングルを
走ったんだ
砲台の跡で
遊んでる～
（この小学校は旧日本軍の
宿舎跡だったそうだ）
みんな人なつっこい
かわいくて
いい子たちだなぁ
Yoshiki
心の豊かさを教えてくれてありがとう
考えさせられた日々
でも……文明にどっぷりつかっている

大会名 **パプアニューギニアジャングルラン**

大会事務局 **事務局はないけど、海外青年協力隊員たちが協力してくれた**

パプアニューギニア

村一の高床式建物

6 泊 5 日

スケジュール
金曜日夜日本を出発。早朝、首都ポートモレスビー着
6時間半のフライトだからホノルルより近いよ。
乗り換え1時間のフライトでマダン到着。
土曜日マダン滞在。のんびりとリゾートホテルで過ごした。
日曜日朝、チャーターしたクルマでジャングルへ入る。村人と
運動会をしたり食事をしたり、折り紙を作ったりなど交流。
月曜日村から村へとジャングルを走って移動。最後は小学生
が総出で迎えてくれた。
火曜日早朝マダン出発。ポートモレスビー経由で帰国。

120,000円～

国土は日本の1.25倍だけど人口は1000万に満たない国だよ

旅コラム

オーストラリアより近いけど日本人にはなじみが薄い国かもしれないと思う。直行便ができたので、それではジャングルを裸足で走る彼らの走りを勉強しようと訪問。

子どもたちと運動会を楽しんだ

「昔、兵隊さんがここを離れるとき『私たちはもうここに来ることはできないが、必ず多くの日本人が訪れる日が来る』といっておられた。本当だったのですね」と村長さんが歓迎してくれた。

ヨシキは村長さんに「おいくつですか」と聞いた。村長さんは「そうだねえ」としばらく時間をおいてから、「50歳くらいかな」と。だって今はもう戦後75年ですよ、と思ったけど口には出さなかった。

赤道直下で常夏。電気もガスもないし、カレンダーもない。だから50歳くらいと思えばそうなのだ。

おばあちゃんがやってきて「咲いた咲いたチューリップの花が……♪」と歌ってくれた。兵隊さんに教わったそうだ。

ヨシキたちは、お返しに折り紙を子どもたちに教えた。

自分たちにとってなじみの薄い国だったかもしれないけど、彼らはみんな日本のことを知っていたし今でも日本を見ている。

それはここに日本の兵隊さんがいたということも大きいが、ソレマ元首相が大いに関係しているかもしれない。ソレマ元首相は外国人に与えられる最高位の勲章である旭日大褒章を受賞されている。

そのことは次のページに書いていきたいと思う。

村の踊りを披露してくれた

後に独立の父となったソレマ首相に語った柴田中尉の言葉は！

ヨシキコラム

少し高台にある小学校の校庭からは周りの景色が良く見えた。校庭の片隅には砲台の跡らしきものがあって、今では子どもたちの立派な遊具となっていた。よじ登って遊んでいる。この校舎は旧日本軍の宿舎だったという。

小学校の校庭からはジャングルが良く見渡せた。旧日本軍はここに砲台を設営した

砲台の横に立って柴田幸雄中尉という兵隊さんのことを思い巡らせた。柴田さんがいたのはカウプという村なのでここではないけど、ここと同じようだったと思う。

オーストラリアの植民地だったこの国に日本軍が入り、北半分ほど占領したところで終戦となったそうだ。敗戦後、飢えに苦しむ兵隊さんたちに村人たちは食べ物を与えてくれた。そこで柴田中尉は子どもたちを集めて勉強を教え始めた。文字や算数、歌を教えた。

柴田中尉は、オーストラリア軍に捕虜として収監されるまで子どもたちに勉強を教え、そして熱く語った。

「私たちはもうここに居れなくなるけど君たちは独立をするんだ。このことは決して忘れないでほしい」と。

それを聞いていた一人がソレマ君という名の小学生だった。彼は建国の父と呼ばれ独立後最初の首相となった。

ソレマ元首相も、小学生のころこんな風に勉強していたと思う

首相として日本を訪問した彼は公式な予定を終えた後柴田さんの実家である群馬を訪れた。そこで食堂を営んでいた柴田さんと再会した。

「あなたのお陰で私の国は独立できました」と泣いてお礼を言った。

自分や日本人が忘れているものを持っているジャングルの人たち。人生観が変わるほどのショックを受けたけど、同時にヨシキは悲しいかな文明に決別していくて行くことはできないな、とも思った。

校舎の中。子どもたちはここで勉強していた

生涯、走ることはないと思っていた 100キロ走るの巻

あこたコラム⑤

石川県の能登半島すずウルトラマラソン。当時、参加者Tシャツなどのデザインをさせていただいていた関係で毎年、会場にはいたけれど、走る気はなかった。なのに、ひょんなことから100キロの部に出ることになったのです。無謀だ。

ほぼ毎年、このレースに出ている最年長ランナー（当時79歳！）。14時間の制限時間いっぱいを使って必ず完走してるのを知っていたので、当日、何の断りもなく勝手にペースメーカーにさせていただいた。我々、女子4名で、こっそり後ろからついていくというストーカーっぷり。（ごめんなさい）

かなり抑えて走っていたので、45キロ関門でもハーフを走ったような感覚で、これならいけそうな予感。

友人たちとは自分のペースでいこうと話辺りから少しずつ分散し私と友人1人が残った。ペースが合うので一緒に進んでいく。

キロ地点に差しかかり友人が青い顔で「もうダメかも……先行って」との言葉。見捨てて行けないよぉ～。でも、共倒れになってはいかん！と思い直し「ゴールで会おうね」と握手をして別れる。うぅ涙が出そうだ。ここから日本海沿いの道を1人で進んでいく。いつの間にか、ペースメーカーもいない。

72キロ地点。地元の子どもたちの和太鼓演奏が元気をくれる。ここに着替えや食べ物を預けていて、少し休める。そんな予定だったのに、ペースが落ちていて、出発予定の時間に到着してしまった。これに、焦りと心にも余裕がなくなってくる。

汗と潮風でベタベタと張り付くウエアを急いで着替えると、少し楽になる。お味噌汁を立ち飲みし、おにぎりを片手に再スタート。そして、見上げるような上り坂続き。

1歩1歩進めるのが、やっと。

もう未知の距離に足を踏み入れている。限界な辛さだ。ランナーも分散していて誰もいない。真っ暗な朝5時から走り始めて、夕方っぽく日も落ちかけている。何してるんだろう私……。遂に歩き始めてしまった。「もうリタイヤして、来年リベンジしようかな」と思い始めた頃、後ろから

「お嬢さん、ここからですよ!」と声を掛けられた。カラ返事をしてみるものの、もう気力もない。抜き去った後ろ姿に視線を向けると、ゼッケン「1」。あの人だ! もしかして、まだ間に合うってこと?

どよーん…
まだまだ、ここから!

次の瞬間、再び走り始めていた。希望を持つというのは大切なんだな……。85キロ地点の関門を4分前にクリア。乗車予定だった、収容バスが待機しているのを横目に能登丼を頬張る。食欲はある!すると目の前に、65キロで生き別れた(?)友人の姿が。歩きながら進んだけれど、制限時間がきて収容バスに乗ってきたそうだ。「頑張って」の言葉に「つ、つらいよぉ~」ボロボロと涙で困らせ、すぐ我に返り「あ!時間がないんだった。じゃ、行くわ」とヘッドライトを手に、再び出発。

無事だったことに安心して、元気も沸いてきた。相変わらずの上り坂ばっか。もう驚かない。淡々と進む。「もし限界でも、日が沈めば違うギアが入ったかのように走れるよ」と聞いていて、疑っていたけれど、このことか。身体が楽になった気がする。それとも壊れたのか私。

時間がない。関門ギリギリで通過しているので常に気がかり。すっかり日が沈み、ヘッドライトの揺らめきでランナーを確認できる。「まだ間に合いますよ~」とスタッフの声が。1キロの間隔が、長くて遠い。「右足、前に出ろ」1歩ずつ身体に指令を出して、精一杯の力で進める。「あと1キロ」の看板。私が描いたやつだ。呑気な絵だな。ぼんやりとゲートが見える。後半は、追い上げたようで、制限時間20分前にゴール。放心状態でいると、「えー、もう着いたの! もっとギリギリかと思ったよ」と友人みんなが迎えてくれました。レースで一度も泣いたことなんてなかったのに、辛さと嬉しさと安堵で涙してしまいました。

のんきだな…
ラスト1km
歩くな走れ!!

「制限時間3分前です」のアナウンスにゴールゲートを見ると、ゼッケン1。いつの間にか、追い抜い越していたらしい。確実に今年も完走する姿に、周囲のランナーも集まってきて拍手。さっそく地元新聞記者のインタビューを受けている。握手を求めるランナーも多く、私も声を掛けていただいたお礼と握手をしてもらった。ペースメーカーにしてたことは言わなかったけど。

その後、ランナー友達(師匠!)として毎年大会でお会いするようになりました。(ペースメーカーにしていたことも白状した)走ることで繋がる人の輪っていいな!と感じ、走ってよかった!と思っています。でも、まだしばらくウルトラは走らないと思うけれど……。(笑)

おわりに

走り始めてから数か月くらいすると走れるようになって楽しくなる。走れる体になってきたからだ。普段走らない人と比べると、平常時は血液中の酸素量は変わらないが、いざ走ると血中酸素量が平常時より増え、走って酸素を消費することに備えるように体はできているらしい。

だからジョギングしていると気持ちいい。何人かで雑談しながら走っていると走っていることを忘れてしまうということもしばしばだ。

子どものころ別のスポーツをやっていた人も、当時大体走っている。それは走ることが目的ではなく、走ることによって体力を強化するためだと思う。だから走ることだけを目的とするスポーツなんて考えらないという人がいる。

他のスポーツと違うのは相手を負かすことによって勝ち上がるということがないことだ。だれでもエントリーすればレギュラーになれる。そして速い遅いはあまり関係なくゴールできたことに達成感を感じる。

いつまで走れるのだろうか。どんどん記録が伸びている時代は自己記録を目指して走り続けるが、年齢とともにそうはいかなくなる。それでも走っている。生涯走りたいと思っている。もし認知症になって走っての徘徊が始まり家族などに迷惑をかけるかもしれない。そのときはやめようかな。

今までのランニング生活を振り返って楽しいことがたくさんあったので、この本を出そうと思った。ランナー仲間の伊藤あこたさんに話をしたら、喜んで協力してくれるという。そこで二人の合作が出来上がったという次第だ。

ランナーの皆さんは共感していただけることろがあると思うし、ランニングにあまり縁のなかった人は少しでも興味を抱いていただけたら幸いに思う。

吉木　稔朗

ランニングを始めて、たくさんの方々に出会うことができました。今まで関わってくださった方々に感謝の気持ちでいっぱいです。この本を通して「ふふふ」と笑っていただける部分があったら嬉しい限りです。生涯スポーツとして、これからものんびりトコトコ走っていこうと思っています。

伊藤あこた

<注意>

「行き方」にある予算は飛行機代、宿泊費、食費などです。ホテルのグレードとか食事によっても変わります。参考にしてください。

ここのドラマはあくまで市民ランナー目線です。オリンピックを目指すようなレベルのランナーとは違います。

大会名も通称が多く、正式名称でない場合もあります。

大会開催日、飛行機の情報や旅費などは参加したときのものです。その後変更されている可能性がありますので、最新情報はネット等で検索してください。

プロフィール

吉木稔朗

走るおじさんランナー。
42歳のとき医者から肥満と肝脂肪を指摘され走り出す。
記録を狙って走っていたことがあったが
今では生涯走れることを目標にしている。
世界や日本各地の大会に旅を兼ねて参加している。
走ること以外にも近所のランナーたちと
バンドを結成。
バンド名は「シンガーそこそこランナーズ」。
YouTubeで検索してみて。

フルマラソンベストタイム　2時間57分

伊藤あこた

走るイラストレーター。
のんびりマイペースに走ることが好き。
フルマラソン、ウルトラマラソン、
トレイルランニングなどの大会を完走。
ランニング雑誌の連載掲載後、
商品やロゴデザイン、子ども向けの
イラストワークショップ等をしている。

フルマラソンベストタイム　3時間45分
好きな食べもの　ケーキ

笑いと涙！
世界の絶景マラソンを走る

2023年3月19日　初刷発行

著　者　吉木　稔朗
　　　　伊藤　あこた
発行人　山本　洋之
発行所　株式会社　創藝社
　〒162-0806　東京都新宿区榎町75番地 APビル5F
　電話(050)3697-3347　FAX(03)4243-3760
印刷所　中央精版印刷株式会社

※落丁･乱丁はお取り替えいたします
※定価はカバーに表示してあります

ISBN978-4-88144-251-7　C0075